BUR
Rizzoli

Tutti i diritti riservati
© 2014 Rizzoli / RCS Libri S.p.A., Milano
© 2014 Rai Com S.p.A.
Rai Eri
Via Umberto Novaro, 18 - 00195 Roma
rai-eri@rai.it
www.eri.rai.it
© 2016 BUR Rizzoli / RCS Libri S.p.A., Milano

ISBN 978-88-17-08816-9

Prima edizione Rizzoli 2014
Prima edizione BUR aprile 2016

Art Director: Francesca Leoneschi
Graphic designer: Laura Dal Maso / TheWorld*of*DOT
Impaginazione: Paola Polastri

Home economist: Daniela Masina

Seguici su:

Twitter: @BUR_Rizzoli    www.bur.eu    Facebook: /RizzoliLibri

# ANTONELLA CLERICI

## LA CUCINA DI CASA CLERICI

# SOMMARIO

Introduzione .................................................................... 7

Antipasti ........................................................................ 9

Primi ............................................................................ 61

Secondi ...................................................................... 151

Contorni .................................................................... 243

Dolci .......................................................................... 277

Dietro le quinte ........................................................ 337

Ringraziamenti ......................................................... 343

Indici .......................................................................... 347

# INTRODUZIONE

Sono felice di accoglierti nella cucina di casa mia! Un posto dove mi piace mettermi alla prova e pasticciare, proprio come faccio in tv alla *Prova del Cuoco*, tra fornelli, taglieri, scolapasta e padelle, preparando piatti facili e veloci "a prova di Antonella", cioè alla portata di tutti. Ma soprattutto un piacevole rifugio perché qui – ancor più che cucinare – amo gustare i risultati delle mie piccole imprese con famiglia e amici!

Questa volta non mi sono accontentata di farti entrare nella mia cucina, condividendo con te i miei manicaretti, ma con grande gioia ho dato il benvenuto anche a qualche fan. Infatti ho raccolto tra le pagine del libro alcune delle ricette che ricevo ogni giorno su Twitter: quelle che ho letto con curiosità, che ho provato e che mi piace portare in tavola tutti i giorni, perché gustosissime ma allo stesso tempo semplici e genuine. Proprio come piacciono a me.

Ma non è tutto! Nel libro troverai anche tantissime curiosità e aneddoti legati agli ingredienti, alla storia del cibo e all'origine di alcuni piatti, da condividere con tutta la famiglia (dai nonni ai nipoti), con gli amici e, perché no, persino con la signora in fila con te dal fruttivendolo.

Sfoglia il libro, prendi ispirazione, prova queste nuove fantastiche ricette e ricorda quello che per me è il segreto fondamentale di un buon piatto: in cucina bisogna divertirsi!

*Antonella*

P.S. Lo sai che sono curiosissima, quindi mandami su Twitter @antoclerici le foto dei piatti preparati seguendo le mie ricette e aggiungi #lacucinadicasaclerici e @RizzoliLibri.
Ti aspetto!

# Antipasti

# Bruschetta ripiena
## di alici e mozzarella

• • •

**Ingredienti per 4 persone:** 100 g di passata di pomodoro • aglio in polvere • 2 rametti di basilico • 100 g di mozzarella • 8 fette sottili di pane casereccio • 4 filetti di acciuga sott'olio • 3 cucchiai di grana grattugiato • olio extravergine • sale

- Metti in un pentolino 2 cucchiai di olio, la passata di pomodoro, un pizzico di aglio in polvere, uno di sale e 2 foglie di basilico, porta a bollore e spegni il fuoco dopo un minuto.
- Trita la mozzarella e componi le bruschette: distribuisci su 4 fette di pane una cucchiaiata abbondante di pomodoro, un filetto di acciuga, una foglia di basilico, un po' di mozzarella tritata e una spolverizzata di grana. Copri con le altre 4 fette esercitando una lieve pressione.
- Passa le bruschette sulla bistecchiera ben calda finché il pane non sarà dorato, premendo leggermente con una paletta mentre si cuociono e grigliandole su entrambi i lati.
- Servi le bruschette ben calde.

> Sai da che cosa deriva il termine "bruschetta"? Da "bruscare", cioè abbrustolire, per l'abitudine di tostare il pane usato per questo piatto.

# Involtini di sedano
## e prosciutto

• • •

**Ingredienti per 4 persone:** 4 coste di sedano • 6 fette di prosciutto cotto • erba cipollina • 160 g di formaggio fresco spalmabile alle erbe • 100 ml di besciamella • 4 cucchiai di grana grattugiato • pepe

- Prepara il sedano eliminando le foglie e i filamenti con un pelapatate, poi dividi ogni costa in 3 pezzi e avvolgi ognuno di essi con mezza fetta di prosciutto cotto.
- Disponi gli involtini in 4 pirofiline da forno, 3 per ciascuna (oppure in un'unica pirofila grande), e cospargili con abbondante erba cipollina tagliuzzata.
- Con una forchetta lavora il formaggio alle erbe con la besciamella e una macinata di pepe, quindi versa il composto nelle pirofiline, sopra gli involtini.
- Cospargi con il grana e cuoci in forno preriscaldato a 220 °C per circa 10 minuti, finché non si sarà formata una crosticina dorata. Servi gli involtini caldi.

> **Non solo gli steli, ma anche i fiori dell'erba cipollina sono commestibili. Hanno un sapore di cipolla molto delicato e sono belli da vedere: perfetti per arricchire un antipasto o un'insalata!**

# Sandwich di tonno
## alle erbe

• • •

**Ingredienti per 6 persone:** 200 g di tonno al naturale sgocciolato • 60 g di maionese • 1 cucchiaio di senape con grani • il succo di ½ limone • 1 mazzetto di erbe miste (erba cipollina, basilico, prezzemolo, timo ecc.) • 6 cetriolini sott'aceto • ½ avocado maturo • 6 fette spesse di pancarré • sale

- Mescola il tonno ben sgocciolato con la maionese, la senape, un cucchiaio di succo di limone, abbondanti erbe tritate e i cetriolini affettati.
- Sbuccia l'avocado e schiaccialo con una forchetta, lavorandolo insieme al succo di limone rimasto e un pizzico di sale.
- Distribuisci la crema di avocado su 3 fette di pane, copri con uno strato di composto di tonno e chiudi con le altre 3 fette di pane, premendo delicatamente.
- Taglia in 4 i sandwich, ottenendo 12 triangolini. Servili freschi.

> L'avocado venne soprannominato dai *conquistadores* sbarcati in America "burro dei poveri": è ricco di grassi buoni, ha un gusto delicato ed è ottimo spalmato sul pane.

# RICETTE DEI FAN

## Crocchette di riso del nonno

•••

Rita Ciarlo
Maasmechelen (Belgio)

**Ingredienti per 4 persone:** 150 g di riso Carnaroli • brodo vegetale (facoltativo) • 60 g di grana grattugiato • 1 uovo • 25 g di pangrattato • prezzemolo • olio di semi di arachidi • sale

- Cuocere il riso in abbondante acqua salata, oppure in un brodo vegetale. Quando è pronto scolarlo, versarlo in un recipiente e condirlo con il grana, mescolando bene.
- Lasciare raffreddare, quindi aggiungere l'uovo, il pangrattato e una manciata di prezzemolo tritato. Amalgamare bene e, con le mani bagnate, formare delle polpette delle dimensioni di un'albicocca.
- Friggerle in abbondante olio di semi di arachidi ben caldo (l'ideale sarebbe farlo in una friggitrice a 180 °C), finché non saranno dorate su tutti i lati.
- Scolarle con un mestolo forato, asciugarle dall'olio in eccesso con carta assorbente da cucina.
- Trasferire le crocchette su un piatto da portata e servirle subito, ben calde.

# Tartufini di pomodori secchi e ceci

•••

**Ingredienti per 6 persone:** 30 g di gherigli di noce • 40 g di semi di zucca sgusciati • 120 g di pomodori secchi sott'olio • 60 g di ceci lessi • 1 cucchiaino di capperi sotto sale • origano secco • 8 grissini

- Passa i gherigli di noce e i semi di zucca al mixer fino a ridurli in polvere.
- Tampona i pomodori secchi con carta assorbente da cucina per eliminare l'olio in eccesso, tagliali a pezzi, aggiungili alla polvere nel vaso del mixer insieme ai ceci, ai capperi dissalati e a un pizzico di origano, quindi frulla ancora, fino a ottenere un composto morbido.
- Forma delle piccole palline, rotolale nei grissini sbriciolati e disponi ciascuna in un pirottino di carta.

> Una volta era impensabile trovare nei negozi i semi di zucca confezionati che oggi vanno tanto di moda come aperitivo. Si preparavano in casa: presi dalle zucche, venivano lavati, fatti essiccare e tostati con un po' di sale.

# Strudel rustico
## con verdure e 'nduja

•••

**Ingredienti per 6 persone:** 1 cipolla rossa piccola • 500 g di zucchine e melanzane • 1 rotolo di pasta sfoglia fresca rettangolare • 1 cucchiaio di 'nduja • 1 uovo • olio extravergine • sale

- Soffriggi con 4 cucchiai di olio la cipolla affettata, aggiungi le verdure tagliate a cubetti e fai cuocere per circa 10 minuti. Sala e lascia raffreddare.
- Srotola la pasta sfoglia e sistemaci sopra le verdure, formando una striscia al centro del rettangolo; cospargi uniformemente con dei piccoli fiocchetti di 'nduja, spennella i bordi di pasta con l'uovo sbattuto e ripiegali sul ripieno, sovrapponendoli.
- Sigilla i lati corti dello strudel premendo con i rebbi di una forchetta, poi spennella tutta la superficie con l'uovo rimasto e incidila con un coltellino affilato, in modo che il vapore possa fuoriuscire durante la cottura.
- Cuoci in forno preriscaldato a 200 °C per 25-30 minuti. Servi lo strudel tiepido.

---

Il nome del salume calabrese 'nduja deriva dal francese *andouille*, che significa "salame". Ma in realtà non ha nulla a che vedere con gli affettati d'Oltralpe, perché è cremoso e piccantissimo!

# Torta salata
## con gamberi e zafferano

• • •

**Ingredienti per 8 persone:** 1 rotolo di pasta sfoglia fresca rotonda • 1 mazzetto di rucola • 1 cipollotto • 20 gamberi • 4 pomodori maturi • 2 cucchiai di concentrato di pomodoro • 300 ml di panna fresca • 3 uova • 2 bustine di zafferano in polvere • sale • pepe

- Srotola la pasta sfoglia e usala per rivestire l'interno di una tortiera del diametro di circa 26 cm.
- Disponi sulla sfoglia la rucola lavata e asciugata, il cipollotto affettato sottile, i gamberi sgusciati e i pomodori tagliati a dadini, dopo averne eliminato l'acqua di vegetazione.
- In una ciotola stempera il concentrato di pomodoro con un goccio di panna, poi aggiungi via via il resto della panna, le uova, lo zafferano, sale, pepe e mescola bene per ottenere un composto omogeneo.
- Versa il tutto sulla sfoglia e cuoci in forno preriscaldato a 200 °C per 30-35 minuti, finché la torta non apparirà dorata. Servila tiepida.

C'è un motivo se lo zafferano viene chiamato "oro rosso": servono 1500 pistilli di un fiore, quello del *crocus sativus*, per ricavarne solo 10 g!

# Bocconcini
## di prosciutto e mango

• • •

**Ingredienti per 4 persone:** 4 fette di prosciutto crudo • 1 piccolo mango maturo • 100 g di rucola • pepe

- Taglia ogni fetta di prosciutto, per il lungo, dividendola in 3 parti: otterrai 12 strisce.
- Sbuccia il mango e taglialo a bastoncini lunghi 5-6 cm e spessi 1,5 cm (se non trovi il mango, puoi sostituirlo, a seconda dei tuoi gusti, con: una pera, mezzo melone, una mela o 2 pesche nettarine).
- Poggia ogni bastoncino di mango su un mazzetto di foglie di rucola e avvolgi il tutto con una strisciolina di prosciutto.
- Poni i bocconcini su un piatto e cospargi con pepe macinato grossolanamente. Servi fresco.

Il mango è importantissimo in India. Sacro agli indù, è anche grande fonte di ricchezza: ad Ahmedabad viene festeggiato ogni anno, e in quell'occasione se ne vendono più di 400 tonnellate!

# Focaccia con crescenza e broccoli

• • •

**Ingredienti per 6 persone:** 1 rotolo di pasta per focaccia fresca • 350 g di cimette di broccoli • 80 g di scaglie di grana • 8 falde di pomodoro secco sott'olio • 150 g di crescenza • olio extravergine • sale

- Stendi la pasta per focaccia e lasciala riposare per 15 minuti (segui le indicazioni sulla confezione).
- Nel frattempo lessa i broccoli in acqua salata per 7-8 minuti, scolali e lasciali intiepidire; condiscili con olio e sale.
- Distribuisci sulla focaccia i broccoli, il grana, i pomodori secchi tritati grossolanamente e la crescenza a fiocchetti.
- Cuoci in forno preriscaldato a 220 °C per 15 minuti.

> Gli antichi Romani andavano pazzi per cavoli e broccoli! Li mangiavano anche crudi, prima di iniziare i loro famosi banchetti, perché pensavano che servissero a reggere meglio il vino.

# Panna cotta al taleggio
## con carciofi

• • •

**Ingredienti per 6 persone:** 160 ml di panna fresca • 150 g di taleggio • 2 fogli di gelatina alimentare (4 g) • 1 carciofo • farina • olio di semi di arachidi • sale • pepe

- Scalda la panna in un pentolino, aggiungi il taleggio a pezzetti e mescola a fuoco basso finché il formaggio non inizierà a sciogliersi. Frulla il tutto con un frullatore a immersione per ottenere una crema liscia.
- Nel frattempo metti i fogli di gelatina a bagno in acqua fredda, lasciali ammorbidire per 4-5 minuti, strizzali, uniscili alla crema di formaggio ben calda e mescola per farli sciogliere.
- Versa il tutto in 6 bicchierini un po' alti, riempiendoli per tre quarti, lascia raffreddare e poi fai solidificare in frigorifero per almeno un'ora.
- Trascorso questo tempo, taglia il carciofo a spicchi molto sottili, infarinali e friggili in abbondante olio. Scolali su carta assorbente da cucina e condisci con sale e pepe.
- Distribuisci i carciofi fritti nei bicchierini di panna cotta e servi subito.

> Non tutti sanno che la gelatina è di origine animale, ma i vegetariani possono sostituirla con l'agar agar, un addensante ricavato dalle alghe rosse.

# RICETTE DEI FAN

## Muffin salati
•••

Daniela Libertino - Roma

**Ingredienti per 6 persone:** 200 g di piselli freschi o surgelati • 100 g di prosciutto cotto a dadini • 3 uova • 100 ml di latte • 100 ml di olio di semi • 200 g di farina • 10 g di lievito istantaneo per torte salate • 40 g di grana grattugiato • 2 cucchiai di olio extravergine • sale

- In una padella cuocere i piselli con l'olio extravergine; a fine cottura, regolare di sale. In un'altra padella, rosolare leggermente i dadini di prosciutto cotto.
- Sbattere in una ciotola capiente le uova con il latte e l'olio di semi, poi aggiungere la farina e il lievito setacciati, il grana, i piselli e il prosciutto cotto. Salare e mescolare il tutto, affinché risulti ben amalgamato.
- Foderare con gli appositi pirottini di carta 12 stampini per muffin (oppure bagnare un foglio di carta da forno, strizzarlo e utilizzarlo per rivestire gli stampini), distribuire uniformemente il composto e cuocere in forno preriscaldato a 180 °C per 20-25 minuti circa, verificando la cottura con uno stecchino prima di estrarli: infilandolo in un muffin dovrà uscirne pulito.
- Sfornare e servire i muffin tiepidi.

# Bruschetta
## con gorgonzola e pere al vino

...

**Ingredienti per 4 persone:** 1 piccola pera Kaiser (o di altro tipo a polpa soda) • burro • 1 bicchiere di vino dolce passito • zucchero • 4 fette di pane casereccio • 80 g di gorgonzola piccante • 8 gherigli di noce

- Lava bene la pera, tagliala in 8 spicchi, senza sbucciarla, elimina i semi e cuocila a fuoco medio in una padella con una nocciola di burro, mezzo bicchiere di vino e mezzo cucchiaino di zucchero. Quando, dopo pochi minuti, la polpa risulterà tenera, trasferisci gli spicchi in un piatto.
- Nella padella con lo sciroppo della pera aggiungi il vino rimasto e fai restringere per circa un minuto a fuoco alto, fino a ottenere una salsina densa e sciropposa.
- Abbrustolisci le fette di pane sotto il grill del forno o sulla bistecchiera, spalmale con il gorgonzola, aggiungi le noci a pezzetti e 2 spicchi di pera per ogni bruschetta.
- Completa con un po' di sciroppo di cottura e servi.

> I vini passiti sono noti per essere dolci e zuccherini, ma attenzione: ne esistono anche di secchi, come l'Amarone e lo Sforzato.

# Fagottini con uova,
## carne e spinaci
• • •

**Ingredienti per 6 persone:** 2 cipollotti • 100 g di macinato di manzo • 80 g di spinaci lessati e strizzati • 1 uovo grande • noce moscata • 3 cucchiai di grana grattugiato • 2 rametti di timo • 1 rotolo di pasta sfoglia fresca rettangolare • burro • sale

- In una padella soffriggi con una noce di burro, per 2 minuti, i cipollotti tritati. Aggiungi la carne, sgranala con il cucchiaio di legno e cuoci a fuoco medio finché non inizierà a cambiare colore. Unisci gli spinaci tritati grossolanamente e fai insaporire per qualche minuto.
- Togli dal fuoco e unisci subito l'uovo, precedentemente sbattuto con una presa di sale, una grattugiata di noce moscata, il grana e le foglioline di timo. Lascia intiepidire.
- Ritaglia dalla pasta sfoglia 12 quadratini, farciscili con il composto preparato e richiudili su loro stessi a triangolo, sigillando bene i bordi.
- Cuocili in forno preriscaldato a 200 °C per circa 20 minuti e servili ben caldi.

> Nel Settecento la noce moscata veniva usata per curare più di cento malattie. In alcuni casi funziona davvero: per esempio migliora la digestione.

# Paté di borlotti
## al rosmarino e salame

· · ·

**Ingredienti per 4 persone:** 300 g di fagioli borlotti lessi • 1 rametto di rosmarino • ½ cipollotto • 100 ml di brodo vegetale • 120 g di salame a fette spesse • 6 grissini • olio extravergine • sale • pepe

- Condisci i fagioli con olio, sale, pepe e un trito di rosmarino e cipollotto.
- Scalda il brodo vegetale e frulla i fagioli aggiungendone poco alla volta, finché non avrai ottenuto un composto cremoso. Versa il composto in 4 coppette.
- Taglia il salame a dadini, mescolalo con i grissini sbriciolati grossolanamente e distribuiscilo nelle coppette.
- Servi il paté a temperatura ambiente.

> I fagioli oggi più comuni sono stati importati
> dalle Americhe attorno al Cinquecento.
> Quelli diffusi prima di allora sono scomparsi
> lentamente dalle nostre tavole perché
> più difficili da coltivare e meno redditizi.

# Calzoncini con porri, belga e salsiccia

...

**Ingredienti per 6 persone:** 1 salsiccia • 5 foglie di indivia belga • ½ porro • 1 rotolo di pasta sfoglia fresca rotonda • 50 ml di besciamella • 2 cucchiai di grana grattugiato • 1 uovo • olio extravergine • pepe

- In una padella, con un filo di olio, soffriggi la salsiccia spellata e sbriciolata, poi aggiungi l'indivia e il porro affettati sottili e cuoci a fuoco medio per 10 minuti. Lascia intiepidire.
- Con un bicchiere o un coppapasta ricava dalla pasta sfoglia 12 dischetti di 7-8 cm di diametro.
- Aggiungi al ripieno la besciamella, il grana e una macinata di pepe, distribuisci il composto sui dischetti di pasta e richiudili su se stessi a mezzaluna, sigillando bene i bordi.
- Sistema i calzoncini su una placca rivestita con carta da forno, spennellali con l'uovo sbattuto e cuoci in forno preriscaldato a 200 °C per circa 20 minuti. Servili tiepidi.

> Non è vero che chi è intollerante al lattosio non può mangiare nessun formaggio!
> Quelli stagionati, come il grana, sono consentiti e consigliati perché ricchi di calcio.

# Crocchette di patate,
## olive e tonno

• • •

**Ingredienti per 4 persone:** 350 g di patate • 3 cucchiai di grana grattugiato • 1 uovo • noce moscata • 40 g di olive verdi denocciolate • 70 g di tonno sott'olio sgocciolato • farina • pangrattato • olio di semi di arachidi • sale

- Fai lessare le patate intere, con la buccia, in acqua salata, quindi pelale, passale nello schiacciapatate e lasciale intiepidire.
- Aggiungi il grana, il tuorlo dell'uovo (tieni da parte l'albume), una grattugiata di noce moscata e le olive tritate finemente.
- Prendi una pallina di composto nel palmo della mano, forma un incavo e riempilo con un pezzetto di tonno, poi richiudi la pallina. Prepara in questo modo tutte le crocchette, infarinale, passale nell'albume sbattuto e infine nel pangrattato.
- Friggi le crocchette in abbondante olio e servile calde.

> Dalle arachidi non si ricava solo l'olio, ma anche il burro: una crema spalmabile molto popolare negli Usa, dove viene usata in sandwich sia dolci sia salati.

# Pizza in cocotte

• • •

**Ingredienti per 4 persone:** 300 g di passata di pomodoro • aglio in polvere • 1 mazzetto di basilico • 200 g di mozzarella • 250 g di focaccia • olio extravergine • sale

- Mescola la passata di pomodoro con 2 cucchiai di olio, un pizzico di aglio in polvere, sale e qualche foglia di basilico spezzettata; versala in 4 cocottine da forno e distribuisci in ognuna alcuni cubetti di mozzarella.
- Cuoci in forno preriscaldato a 200 °C per circa 15 minuti, finché la mozzarella non si sarà sciolta. Quindi sforna le cocottine e condisci con un filo di olio e qualche foglia di basilico fresco.
- Servi con la focaccia scaldata e tagliata a spicchi, in modo che ognuno possa intingerla nel sugo di pomodoro e mozzarella.

> La focaccia viene preparata diversamente in ogni parte d'Italia. E anche il nome cambia: è *strazzata* in Basilicata, *crescenta* a Bologna, *schiacciata* in Toscana e *pizza bianca* a Roma.

# Vol-au-vent con fonduta
## e pancetta
• • •

**Ingredienti per 6 persone:** 1 cipolla piccola • 100 g di pancetta • 25 g di burro • 30 g di farina • 250 ml di latte • 50 g di grana grattugiato • 12 vol-au-vent già pronti • paprika dolce • olio extravergine • sale • pepe

- Trita la cipolla e la pancetta e soffriggile in una casseruola con 2 cucchiai di olio; quando iniziano a dorare aggiungi il burro e, appena sfrigola, abbassa la fiamma, cospargi con la farina e mescola bene.
- Versa il latte poco alla volta, amalgamando continuamente fino a ottenere una crema, e fai bollire per 3 minuti a fuoco basso. Sala, pepa e incorpora il grana.
- Farcisci i vol-au-vent con la fonduta ancora calda, spolverizzali con un pizzico di paprika e servi subito.

> La paprika è una spezia che si ottiene dal peperone ed è tipica dell'Ungheria. Una leggenda racconta che la coltivazione di questo ortaggio fu introdotta nel Paese da una ragazza tenuta a lungo schiava nell'harem di un pascià turco, che lo faceva crescere nel suo giardino.

# RICETTE DEI FAN

## Pizza di spaghetti

•••

Giuseppina Petti
Fiumicino (Rm)

**Ingredienti per 6 persone:** 500 g di spaghetti • 7 uova • 50 g di pecorino grattugiato • 50 g di grana grattugiato • strutto (o olio extravergine) • sale • pepe

- Cuocere gli spaghetti in abbondante acqua salata.
- Nel frattempo, sbattere le uova in una terrina con un pizzico di sale e pepe e i formaggi grattugiati.
- Quando la pasta è cotta, scolarla, farla raffreddare velocemente sotto l'acqua fredda e versarla nelle uova, amalgamando bene con un cucchiaio di legno.
- Ungere una padella con lo strutto e, quando è sciolto, versarvi il composto di uova e spaghetti, come fosse una frittata. Cuocere a fuoco non troppo alto finché non sarà ben rappreso, poi girare sull'altro lato per qualche minuto, in modo da ottenere una cottura uniforme.
- Una volta che la pizza di spaghetti è pronta, prelevarla delicatamente dalla padella e farla riposare su dei fogli di carta assorbente da cucina.
- Servirla fredda o tiepida, a piacere.

# Tortine con straccetti

**Ingredienti per 6 persone:** ½ carota • 1 spicchio di cipolla • 30 g di prosciutto crudo • 60 g di straccetti di manzo • 30 g di pomodori secchi sott'olio • 1 piccola patata lessa • 1 rotolo di pasta brisée fresca • 1 uovo • olio extravergine • sale • pepe

- Trita la carota e la cipolla con il prosciutto e soffriggili in padella con 4 cucchiai di olio, poi aggiungi gli straccetti e saltali per 2-3 minuti.
- Togli dal fuoco, aggiusta di sale, aggiungi i pomodori secchi a dadini, la patata lessa schiacciata e mescola. Se i pezzi di carne sono molto grandi, tagliuzzali con le forbici direttamente in padella.
- Srotola la pasta brisée e ritaglia 12 dischi utilizzando il bordo di un bicchiere o un coppapasta di circa 8 cm di diametro. Se occorre, impasta i ritagli avanzati e stendili di nuovo per ricavare altri dischi.
- Disponi il composto di carne su metà dei dischetti, ricopri ciascuno con uno dei dischetti rimasti e sigilla i bordi premendo bene con i rebbi di una forchetta.
- Poni le tortine su una placca rivestita con carta da forno, spennellale con l'uovo sbattuto e cuocile in forno preriscaldato a 200 °C per circa 20 minuti.

> Mai buttare le bucce delle patate!
> Ben lavate, asciugate e poi fritte sono buonissime; invece interrate diventano un ottimo fertilizzante.

# Bomba di ricotta
## con pinzimonio
•••

**Ingredienti per 6 persone:** 100 g di formaggio quartirolo (o feta) • 250 g di ricotta fresca ben sgocciolata • 1 cipollotto • sale • pepe **Per la guarnizione:** prezzemolo • semi di papavero • curry • paprika dolce • semi di cumino **Per il pinzimonio:** 3 coste di sedano • 3 carote • ½ peperone giallo • ½ peperone rosso • 1 finocchio • 12 ravanelli

- Metti il quartirolo in una ciotola e lavoralo con la ricotta, il cipollotto tritato, un pizzico di sale (se necessario) e abbondante pepe, finché la crema non sarà omogenea.
- Con le mani umide forma con il composto una sorta di pagnottina (oppure avvolgilo nella pellicola per alimenti e dagli la forma), ponila su un tagliere e decorala con le spezie, i semi e il prezzemolo tritato, alternando i colori.
- Lava e monda le verdure. Taglia sedano, carote e peperoni a bastoncini e il finocchio a spicchi, e man mano immergili in acqua e ghiaccio; lascia interi i ravanelli.
- All'ultimo momento scola e asciuga le verdure, disponile in una coppa e servile con la bomba di ricotta, magari accompagnando con cracker e grissini.

> Il quartirolo è un tipico formaggio lombardo. In origine si preparava con il latte di mucche nutrite a "erba quartirola", cioè cresciuta dopo il terzo taglio.

# Panino integrale
## con radicchio, groviera e speck
• • •

**Ingredienti per 4 persone:** 8 foglie di radicchio di Treviso • 1 filoncino di pane integrale • 100 g di speck • 80 g di groviera a fette sottili • miele di acacia • olio extravergine • sale

- Tieni da parte 3 foglie di radicchio, taglia a pezzetti le altre e passale in una padella ben calda con un velo di olio. Cuoci per 2-3 minuti e sala.
- Nel frattempo taglia orizzontalmente a metà il filoncino e tostalo sotto il grill del forno ben caldo.
- Disponi su mezzo panino il radicchio cotto, copri con lo speck, il formaggio e le foglie di radicchio crude ridotte a pezzetti e condisci con poco olio, sale e un filo di miele. Richiudi con la parte superiore del filoncino, premendo leggermente.
- Servi il panino tagliato a tranci, tenuti chiusi, se ti piace, con uno stecchino.

> A lungo il pane integrale è stato considerato per poveri: si credeva, infatti, che i cibi bianchi fossero puri e quindi riservati ai nobili.
> Invece è molto più sano e nutriente!

# Sfincione siciliano
## in bianco

• • •

**Ingredienti per 6 persone:** 1 rotolo di pasta per focaccia fresca • 2 cipolle bianche • 80 g di filetti di acciuga sott'olio • 150 g di caciocavallo • 150 ml di besciamella • origano secco • pangrattato • olio extravergine

- Srotola la pasta per focaccia, spennellala con poco olio e lasciala riposare per 15 minuti (segui le indicazioni sulla confezione).
- Nel frattempo affetta le cipolle e falle cuocere a fuoco dolce in padella con 4 cucchiai di olio. Quando saranno morbide e trasparenti, aggiungi le acciughe e mescola per farle sciogliere un po'.
- A parte amalgama il caciocavallo, grattugiato con la grattugia a fori grandi, con la besciamella e spalma il composto sulla focaccia. Copri con le cipolle, aggiungi una presa di origano e cospargi con una manciata di pangrattato.
- Condisci con un filo di olio e cuoci in forno preriscaldato a 200 °C per circa 20 minuti. Servi lo sfincione tiepido.

> La cipolla è regina della cucina, e non solo:
> ha mille usi, come sapevano bene
> le nostre nonne. Per esempio, allevia il prurito
> causato dalle punture di insetti.

# Schiacciata rustica
## di castagne

• • •

**Ingredienti per 6 persone:** 300 g di cipolle • 100 g di farina di castagne • 1 uovo • 1 rametto di rosmarino • 120 g di pecorino romano • 50 g di gherigli di noce • olio extravergine • sale • pepe

- Affetta le cipolle sottili e soffriggile in padella con un velo di olio. Appena iniziano a sfrigolare, bagnale con mezzo bicchiere di acqua e cuoci a fuoco medio per 7-8 minuti, finché il liquido non sarà evaporato e le cipolle non diventeranno morbide. Spegni il fuoco e tieni da parte.
- In una capiente terrina mescola la farina di castagne con 150 ml di acqua, l'uovo, sale, pepe e gli aghi di rosmarino tritati.
- Versa il composto in una teglia da forno di circa 20x30 cm, unta con 4 cucchiai di olio; aggiungi il pecorino tagliato a dadini di 5 mm e copri con le cipolle stufate e le noci spezzettate. Irrora con un filo di olio e cuoci in forno preriscaldato a 200 °C per 30-35 minuti, finché il tortino non risulterà sodo al tatto. Fai raffreddare e servi tagliato a quadratini.

> L'origine del nome "rosmarino" è molto poetica: viene da *ros marinus*, "rugiada marina", perché nasce vicino al mare e ha piccoli fiori azzurri.

# Cialledda ricca
## nella pagnotta

• • •

**Ingredienti per 6 persone:** 1 pagnotta di grano duro leggermente rafferma • 12 pomodorini • 1 cetriolo • ½ cipolla rossa • ½ peperone rosso • 80 g di olive verdi e nere denocciolate • 80 g di melanzane sott'olio sgocciolate • 150 g di tonno sott'olio sgocciolato • origano secco • olio extravergine • sale

- Taglia la pagnotta a metà in senso orizzontale, scava via la mollica dalla parte inferiore e spezzetta la parte superiore.
- Metti i pezzi di pane in una ciotola capiente e irrorali con olio e poca acqua, in modo da farli ammorbidire senza bagnarli troppo.
- Aggiungi i pomodorini tagliati a metà, il cetriolo a fette, la cipolla a fettine sottili, il peperone a listarelle, le olive, le melanzane e il tonno. Sala, profuma con un pizzico di origano e mescola bene.
- Trasferisci il tutto nella pagnotta scavata e lascia riposare al fresco per 30 minuti prima di servire.

---

Siamo abituati a vederli rossi, ma in origine
i pomodori erano soprattutto gialli,
ed è da questo colore che deriva il loro nome:
"pomo d'oro".

# Bruschetta con salame
## e spuma di formaggio
...

**Ingredienti per 6 persone:** 200 g di crescenza • 1 cucchiaio di capperi sotto sale • burro • 3 cipolline sott'aceto • 2 filetti di acciuga sott'olio • 1 cucchiaio di paprika forte • 1 cucchiaio di senape • 12 fette di salame (circa 20 g cad.) • 6 fette di pane casereccio

- Metti nel vaso del mixer la crescenza, i capperi dissalati, un cucchiaio di burro ammorbidito e tutti gli altri ingredienti, tranne il salame e il pane. Frulla a lungo per ottenere una crema omogenea e soffice.
- Abbrustolisci il pane sotto il grill del forno o sulla bistecchiera ben calda.
- Spalma ogni fetta di salame con un cucchiaio di spuma di formaggio e mettine 2 su ogni bruschetta, sovrapponendole leggermente. Servi subito.

> Sant'Antonio abate, celebrato il 17 gennaio,
> è il patrono dei porcai, dei salumieri e dei macellai:
> potete riconoscerlo perché al suo fianco
> è sempre raffigurato un maialino.

## RICETTE DEI FAN

# Zucchine ripiene

•••

Edejany Cristofani
Piscina (To)

**Ingredienti per 2 persone:** 2 zucchine tonde grandi (circa 280 g cad.) • 40 g di cipollotto di Tropea • 30 g di porro • 2 rametti di timo • 30 g di grana grattugiato • 60 g di canestrato sardo grattugiato • 150 g di ricotta fresca • 1 cucchiaio di olio extravergine • sale **Per decorare:** 2 pomodori ciliegini • erba cipollina

- Lavare le zucchine, tagliare le calotte e conservarle. Con un coltellino, incidere il perimetro interno delle zucchine, lasciando circa 1 cm di spessore dal bordo, poi estrarre la polpa con un cucchiaino e tenerla da parte. Cuocere i gusci di zucchina a vapore, capovolti, per circa 10 minuti.
- Tagliare finemente il cipollotto e soffriggerlo nell'olio extravergine ben caldo per un paio di minuti, quindi aggiungere il porro, anch'esso affettato, e le foglioline di timo.
- Far cuocere ancora per 2 minuti, poi unire la polpa e la calotta delle zucchine ridotte a dadini e proseguire la cottura per 5 minuti. Condire con il grana e il canestrato sardo, cuocere ancora per 2 minuti poi spegnere il fuoco, unire la ricotta e mescolare con cura. Salare.
- Con il ripieno così ottenuto farcire i gusci delle zucchine e servirli, decorando con pomodoro ed erba cipollina.

# Quiche con piselli, pancetta e crema di ceci

•••

**Ingredienti per 8 persone:** 1 cipolla rossa • 120 g di pancetta tesa • 300 g di piselli freschi o surgelati • ½ cespo di scarola • 50 g di farina di ceci • 200 ml di panna fresca • 1 rotolo di pasta brisée fresca • olio extravergine • sale • pepe

- Soffriggi con 4 cucchiai di olio la cipolla tritata con la pancetta a dadini; aggiungi i piselli, la scarola tagliata a pezzi e cuoci a fuoco medio, con il coperchio, per 10 minuti. Se a fine cottura ci fosse del liquido, alza la fiamma per farlo asciugare. Sala, pepa e lascia intiepidire.
- Stempera la farina di ceci con 4 cucchiai di acqua poi, mescolando, aggiungi la panna a filo e infine regola di sale e pepe.
- Srotola la pasta brisée e usala per rivestire l'interno di una teglia rotonda del diametro di circa 24 cm. Distribuisci sul fondo verdure e pancetta, poi copri con la crema di panna e farina di ceci.
- Ripiega i bordi della pasta sul ripieno e cuoci in forno preriscaldato a 190 °C per 45 minuti, finché la pasta non sarà dorata.
- Servi la quiche tiepida.

> L'origine della farinata è curiosa: in una barca genovese, sorpresa dalla tempesta, si rovesciarono dei barili di farina di ceci e di olio, che si mescolarono all'acqua del mare. Il sole fece il resto, cuocendo le buonissime "frittatine".

# Paccheri ripieni fritti

...

**Ingredienti per 4 persone:** 12 paccheri · 150 g di ricotta fresca ben sgocciolata · 1 salsiccia · 3 cucchiai di grana grattugiato · farina · 1 uovo · pangrattato · olio di semi di arachidi · sale · pepe

- Lessa i paccheri al dente (circa 2 minuti in meno del tempo indicato sulla confezione) in acqua salata, scolali e adagiali su un canovaccio umido in modo che si raffreddino.
- Lavora la ricotta con la salsiccia spellata e sbriciolata, poi condisci con il grana e abbondante pepe.
- Aiutandoti con un cucchiaino farcisci i paccheri con il composto preparato, quindi passali nella farina, nell'uovo sbattuto con un pizzico di sale e infine nel pangrattato, impanando bene anche le estremità con il ripieno.
- Friggi i paccheri in abbondante olio, scolali su carta assorbente da cucina e servili ben caldi.

> Quando i paccheri vengono versati nel piatto con il loro condimento, producono un suono che assomiglia a quello di uno schiaffo, una "pacca". Da qui il loro nome.

# Focaccia con baccalà
## alla marchigiana
•••

**Ingredienti per 8 persone:** 400 g di passata di pomodoro • 2 spicchi di aglio • 1 ciuffo di prezzemolo • 500 g di baccalà già ammollato • farina • 2 rotoli di pasta brisée fresca • olio extravergine • sale • pepe

- Scalda in una casseruola 3 cucchiai di olio, aggiungi la passata e, appena bolle, gli spicchi d'aglio schiacciati e il prezzemolo tritato. Lascia cuocere a fuoco medio per circa 15 minuti, fino a ottenere un sugo ben denso, quindi regola di sale e pepe.
- Nel frattempo taglia il baccalà a piccoli tranci, infarinali e friggili in una padella con mezzo dito di olio ben caldo. Scolali su alcuni fogli di carta assorbente da cucina per eliminare l'olio in eccesso.
- Una volta pronto il sugo, elimina l'aglio, aggiungi il baccalà fritto e mescola in modo da spezzettarlo un po'. Lascia raffreddare.
- Stendi un rotolo di pasta brisée in una teglia del diametro di circa 24 cm, riempila con il composto e copri con il secondo rotolo, sigillando i bordi. Bucherella la pasta e cuoci in forno preriscaldato a 180 °C per 45 minuti. Servi la focaccia tiepida.

> Stoccafisso e baccalà sono entrambi merluzzo:
> il primo essiccato, il secondo sotto sale.
> Però attenzione: in Veneto lo stoccafisso
> è chiamato *bacalà*, e infatti il baccalà
> alla vicentina è preparato con lo stoccafisso!

# Torta salata
## con zucchine e arachidi

• • •

**Ingredienti per 8 persone:** 2 scalogni • 3 zucchine (circa 100 g cad.) • 6 rametti di maggiorana • 3 uova • 300 ml di panna fresca • 2 cucchiai di grana grattugiato • 1 rotolo di pasta brisée fresca • 120 g di arachidi non salate sgusciate • olio extravergine • sale • pepe

- Scalda 3 cucchiai di olio in una padella e soffriggi gli scalogni tritati per un paio di minuti, poi aggiungi le zucchine tagliate a rondelle e saltale a fuoco vivace per 4-5 minuti, in modo che restino ben sode. Sala, aggiungi le foglioline di maggiorana, spegni il fuoco e lascia raffreddare.
- Nel frattempo sbatti le uova con la panna, il grana, una presa di sale e una di pepe.
- Srotola la pasta brisée e usala per rivestire una tortiera del diametro di circa 26 cm, disponi sul fondo le zucchine e copri con il composto di uova, distribuendolo uniformemente.
- Cospargi con le arachidi e cuoci in forno preriscaldato a 200 °C per 30-35 minuti, finché la torta non apparirà dorata. Servila tiepida.

L'Italia è da sempre una grande produttrice di zucchine, ed è qui che nel 2013 è stato battuto un record: in Sicilia ne è stata raccolta una lunga più di 2 m, subito finita nel *Guinness dei primati*!

# Bicchierini
## con mela e grana

• • •

**Ingredienti per 6 persone:** 140 g di pasta sfoglia fresca rettangolare • 1 uovo • 1 cucchiaio di semi di sesamo • 1 cucchiaio di olive verdi tritate • paprika forte (o affumicata) • 50 g di grana grattugiato • 1 bicchiere di prosecco • 1 mela Granny Smith • olio extravergine • sale • pepe

- Ritaglia dalla pasta sfoglia tanti bastoncini di circa 1x10 cm e disponili su una placca ricoperta di carta da forno. Spennellali con l'uovo sbattuto con un pizzico di sale, poi cospargine un terzo con i semi di sesamo, un terzo con le olive tritate e i rimanenti con la paprika. Inforna a 180 °C per 8-10 minuti, finché i grissini non risulteranno ben dorati, poi falli raffreddare.
- Intanto mescola il grana con una spruzzata di prosecco, un filo di olio e un pizzico di sale e, se necessario, regola la densità con poca acqua fredda: dovrai ottenere una crema morbida.
- Taglia la mela a fettine, senza sbucciarla, mettila in un piatto e spruzzala con il prosecco.
- Al momento di servire, suddividi la crema di grana in 6 bicchierini, aggiungi in ognuno alcune fettine di mela ben sgocciolate e qualche grissino e completa con una macinata di pepe.

> Le streghe consigliavano di testare l'amore del proprio partner gettando dei semi di mela nella brace accesa, mentre si pronuncia il suo nome. Vuoi provare? Sappi che se scoppiettano puoi esultare: significa che il tuo sentimento è ricambiato!

# Primi

# Rigatoni alla zucca
## con ceci e speck

•••

**Ingredienti per 4 persone:** ½ porro • 180 g di zucca decorticata • 180 g di ceci lessi • noce moscata • 1 fetta di speck tagliata spessa • 50 g di pecorino grattugiato • 320 g di rigatoni • peperoncino a scaglie • olio extravergine • sale

- Soffriggi in padella il porro affettato con 3 cucchiai di olio; quando sarà appassito unisci la zucca tagliata a pezzetti, fai insaporire per un minuto e poi bagna con mezzo bicchiere di acqua calda.
- Cuoci per 6-7 minuti, finché la zucca non inizierà a sfaldarsi.
- Trascorso questo tempo, aggiungi i ceci, il sale, una grattugiata di noce moscata e prosegui la cottura per 3-4 minuti a fuoco basso, mescolando delicatamente. Quindi togli dal fuoco e incorpora lo speck a dadini e metà del pecorino.
- Cuoci i rigatoni in abbondante acqua salata, scolali e condiscili con l'intingolo di zucca e speck: se ti sembra troppo denso diluiscilo con un po' di acqua di cottura della pasta.
- Distribuisci subito la pasta nei piatti e completa con una spolverizzata di pecorino e un pizzico di peperoncino a scaglie, prima di servire.

> La zucca non è buona solo in cucina: la sua polpa può essere usata anche per preparare delle maschere di bellezza che rendono la pelle liscia e idratata.

# Orecchiette con cozze
## e pesto al limone

• • •

**Ingredienti per 6 persone:** 480 g di orecchiette • 400 g di cozze sgusciate surgelate • 1 spicchio di aglio • olio extravergine • sale  **Per il pesto al limone:** 70 g di foglie di basilico • 20 g di pinoli • 40 g di grana grattugiato • 40 ml di succo di limone • aglio in polvere • olio extravergine • sale

- Prepara il pesto frullando insieme basilico, pinoli, grana e succo di limone con 2 cucchiai di acqua fredda, 2 cucchiai di olio, un pizzico di aglio in polvere e uno di sale.
- Cuoci le orecchiette in abbondante acqua salata e, nel frattempo, salta in padella per 2-3 minuti a fuoco vivace le cozze già scongelate, 3 cucchiai di olio e lo spicchio di aglio intero.
- Scola la pasta, ripassala brevemente nella padella con le cozze a fuoco spento, elimina l'aglio e aggiungi il pesto. Se il condimento ti sembra asciutto, aggiungi un po' di acqua di cottura della pasta.
- Mescola bene e servi subito.

> I pinoli sono perfetti per gli sportivi: anche se sono piccoli, danno energia, placano la fame e alleviano i crampi muscolari e la stanchezza.

# Risotto al pollo
## e pomodoro

• • •

**Ingredienti per 4 persone:** 60 g di burro • 1 cipolla • 1 carota • 1 costa di sedano • 50 g di pancetta • 300 g di carne di pollo cotta a piacere (anche avanzata) • 100 ml di vino bianco secco • 300 g di pomodori pelati • 320 g di riso Carnaroli (o Vialone Nano) • 1 l di brodo di pollo • 50 g di grana grattugiato • sale • pepe

- In una casseruola sciogli metà del burro e fai soffriggere la cipolla, la carota, il sedano e la pancetta tritati. Quando iniziano a dorare aggiungi il pollo a pezzetti, sale e pepe.
- Dopo qualche minuto sfuma con il vino e, una volta evaporato, unisci i pomodori schiacciati.
- Fai bollire per 10 minuti, poi aggiungi il riso e portalo a cottura versando il brodo bollente poco alla volta.
- Fuori dal fuoco manteca con il burro rimasto e il grana, mescolando delicatamente. Servi subito.

> Hai notato che il colore del burro non è sempre uguale? D'estate è paglierino perché le mucche si nutrono di erba, d'inverno è bianco perché mangiano fieno.

# Chicche con carciofini e pancetta

• • •

Ines Trotta
Castellabate (Sa)

**Ingredienti per 4 persone:** 100 g di pancetta tesa • 1 spicchio di aglio • 10 carciofini freschi (o 300 g di cuori di carciofi surgelati) • ½ bicchiere di vino bianco • brodo vegetale (facoltativo) • 750 g di chicche di patate • grana grattugiato • olio extravergine • sale • pepe

- Rosolare la pancetta tagliata a tocchetti in una padella con un filo di olio e l'aglio, fino a renderla croccante.
- Aggiungere i carciofini ben puliti e tagliati a pezzetti, sfumare il tutto con il vino, salare, pepare e lasciar proseguire la cottura per circa 10 minuti: se il condimento dovesse asciugarsi troppo, aggiungere un mestolo di brodo vegetale o di acqua bollente.
- Nel frattempo, cuocere le chicche di patate in acqua bollente salata come indicato sulla confezione. Una volta pronte, scolarle e unirle a carciofi e pancetta.
- Spadellare a fuoco vivace per pochi minuti, eliminare l'aglio e distribuire nei piatti. Spolverizzare con tanto grana grattugiato e servire.

# Linguine allo sgombro,
## bottarga e limone
•••

**Ingredienti per 4 persone:** 1 spicchio di aglio • 120 g di sgombro sott'olio sgocciolato • 1 limone non trattato • 320 g di linguine • prezzemolo • 50 g di bottarga di muggine • olio extravergine • sale

- Scalda in una padella 3 cucchiai di olio con lo spicchio di aglio intero; quando inizia a sfrigolare unisci lo sgombro ben sgocciolato, mescola e dopo un minuto togli dal fuoco. Aggiungi subito una grattugiata di scorza di limone ed elimina l'aglio.
- Lessa le linguine in acqua salata, scolare al dente e ripassale velocemente nella padella con il condimento.
- Aggiungi il succo del limone, un po' di prezzemolo tritato e la bottarga grattugiata, mescola e servi subito.

> La pasta non è solo buona, fa pure stare bene.
> Quando la mangiamo, infatti, il nostro corpo produce serotonina, detta anche "l'ormone del buonumore"…
> e ci sentiamo subito più felici!

# Vellutata di mais guarnita

...

**Ingredienti per 4 persone:** 2 patate medie • 1 cipolla • 500 ml di latte • 450 g di mais in barattolo • 1 foglia di alloro • 80 g di formaggio fresco spalmabile • 150 g di gamberetti precotti • sale

- Sbuccia le patate e la cipolla e tagliale a pezzi, quindi mettile in una pentola con il latte, 500 ml di acqua, il mais (tienine da parte 4 cucchiai) e l'alloro. Sala e porta a bollore.
- Cuoci per 20 minuti, poi elimina l'alloro e frulla con un frullatore a immersione, fino a ottenere una crema omogenea.
- Regola di sale e servi aggiungendo in ogni piatto una cucchiaiata di formaggio, un po' del mais rimasto e i gamberetti.

> L'alloro non serve solo ad aromatizzare i cibi e a incoronare i laureati, ma è anche un buon antitarme: un tempo si usava per proteggere libri e vestiti.

# Conchiglie con moscardini, panna e vermouth

• • •

**Ingredienti per 4 persone:** 200 ml di panna fresca • 200 ml di vermouth secco • 500 g di moscardini già puliti • 1 spicchio di aglio • peperoncino fresco (o secco) • vino bianco secco • 250 g di cozze sgusciate surgelate • 320 g di pasta formato conchiglie • olio extravergine • sale

- Metti a bollire la panna e il vermouth in un pentolino, a fuoco basso, finché il liquido non si sarà ridotto della metà.
- Separa i ciuffetti dei moscardini dal resto del corpo e fai rosolare tutto insieme, per 2 minuti, in una padella con 3 cucchiai di olio, lo spicchio di aglio e un pezzetto di peperoncino. Sfuma con una spruzzata di vino, unisci 2 mestoli di acqua calda, copri con un coperchio e fai cuocere a fiamma bassa per 15 minuti.
- Quando i moscardini saranno teneri, aggiungi le cozze scongelate e fai cuocere ancora per 5 minuti, senza il coperchio. Spegni il fuoco e regola di sale, se necessario.
- Lessa le conchiglie in abbondante acqua salata, scolale molto al dente e ripassale nel condimento di pesce, su fuoco medio, unendo anche la panna al vermouth; mescola, fai insaporire per un paio di minuti e servi la pasta ben calda.

> Il vermouth è una specialità tutta torinese, nata alla fine del Settecento. Deve il nome a uno dei suoi principali ingredienti: *Wermut*, in tedesco, significa "assenzio".

# Spaghettoni con vongole
## e carciofi alla mentuccia

• • •

**Ingredienti per 4 persone:** 3 carciofi • il succo di ½ limone • 1 mazzetto di mentuccia (o prezzemolo) • aglio in polvere • 100 g di vongole sgusciate surgelate • vino bianco • 320 g di spaghettoni • olio extravergine • sale • pepe

- Pulisci i carciofi: elimina le foglie esterne più dure, la parte legnosa del gambo e la punta, poi pela la porzione di gambo rimasta e la base del carciofo e man mano immergile in acqua acidulata con succo di limone.
- Trita la mentuccia, mescolala con una presa di sale e un pizzico di aglio in polvere, quindi riempi con un po' di questo composto tutti i carciofi, precedentemente asciugati.
- Disponili con il gambo verso l'alto in una piccola casseruola con 2 cucchiai di olio; salali in superficie e cuoci, con il coperchio e a fuoco basso, per circa 15 minuti. Se occorre, aggiungi poca acqua. Quando i carciofi saranno teneri, tritali grossolanamente con il coltello e tienili da parte.

> Incredibile ma vero: l'animale più anziano mai scoperto è una vongola.
> Qualche tempo fa, in Islanda, ne è stata trovata una di oltre 500 anni!

- In una padella fai saltare le vongole scongelate con 2 cucchiai di olio, sfuma con un dito di vino e lascia evaporare l'alcol.
- Cuoci gli spaghettoni in acqua salata, scolali al dente e ripassali nella padella con le vongole per un minuto a fuoco medio, poi spegni il fuoco e aggiungi i carciofi tritati.
- Profuma la pasta con una macinata di pepe, qualche fogliolina di mentuccia e servi subito.

# Insalata estiva di polenta

•••

**Ingredienti per 4 persone:** 150 g di farina per polenta integrale a cottura rapida • 200 g di fagioli borlotti lessi • 3 pomodori San Marzano maturi • 1 zucchina piccola • 100 g di tonno sott'olio sgocciolato • 1 cucchiaio di capperi sotto sale • 50 g di olive verdi denocciolate • 1 ciuffo di basilico • 1 ciuffo di erba cipollina • olio extravergine • sale • pepe

- Versa la farina a pioggia in 600 ml di acqua bollente salata e fai cuocere, mescolando, per 4-5 minuti (segui le indicazioni sulla confezione). Versa la polenta su un vassoio, livellala con il dorso di un cucchiaio bagnato allo spessore di circa 3 cm e lasciala raffreddare.
- Nel frattempo prepara un'insalata con i fagioli, i pomodori tagliati, la zucchina a julienne, il tonno, i capperi sciacquati e tritati, le olive a tocchetti e le erbe sminuzzate.
- Rompi la polenta in pezzi non troppo piccoli e aggiungili all'insalata, condisci con olio, sale e pepe e tieni in fresco fino al momento di servire.

*Puliszka, cruchade, harapash, culesha:
sono tutti nomi della polenta, un piatto davvero
internazionale che, pur con molte varianti,
è presente in ogni angolo del mondo!*

# Spaghetti di soia allo zenzero

...

Gaia Casciari – Aulla (Ms)

**Ingredienti per 4 persone:** 3 cucchiai di salsa Tamari (o salsa di soia) • 400 g di zucchine • ½ cipolla rossa di Tropea • 4-5 cm di zenzero fresco • 200 g di spaghetti di soia • 4 cucchiai di olio di semi di sesamo • sale

- Mettere sul fuoco una pentola riempita con acqua e un cucchiaio di salsa Tamari.
- Intanto, tagliare le zucchine a julienne e farle appassire per 2-3 minuti in una padella con la cipolla tagliata sottile, una parte dello zenzero, sbucciato e grattugiato, un cucchiaio di salsa Tamari e 2 cucchiai di olio di semi di sesamo. Le zucchine devono essere croccanti, ma non asciutte (nel caso unire un po' di acqua della pentola).
- Quando l'acqua bolle, cuocerci gli spaghetti di soia per circa 2 minuti (controllare i tempi sulla confezione), poi scolarli e saltarli nella padella con le zucchine, aggiungendo altri 2 cucchiai di olio, un cucchiaio di salsa Tamari e il resto dello zenzero grattugiato.
- Se gli spaghetti risultassero insipidi, aggiungere ancora un goccio di salsa Tamari o di sale, quindi servirli subito.

# Lasagne tonnate

• • •

**Ingredienti per 4 persone:** 350 g di pomodorini · 20 g di capperi sotto sale · 300 g di tonno al naturale sgocciolato · 400 g di besciamella · 250 g di pasta fresca per lasagne · pangrattato · olio extravergine · sale

- Taglia i pomodorini a spicchi e condiscili con sale e un cucchiaio di olio; sciacqua i capperi e tritali grossolanamente.
- Schiaccia il tonno, ben sgocciolato, con una forchetta, quindi mescolalo con la besciamella e i capperi.
- Componi la lasagna in una pirofila di circa 22x16 cm unta con un po' di olio, alternando strati di pasta, di besciamella al tonno e di pomodorini, fino a esaurire tutti gli ingredienti. Termina con la besciamella al tonno e cospargi con 2-3 cucchiai di pangrattato.
- Cuoci in forno preriscaldato a 200 °C per 20 minuti, poi lascia riposare le lasagne per 10 minuti prima di servirle.

> Siccome i capperi crescono particolarmente bene nelle crepe dei muri o tra le tegole dei tetti, spesso i coltivatori usano una cerbottana per "sparare" i semi in queste fessure.

# Risotto alla rucola
## con provola e prosciutto

• • •

**Ingredienti per 4 persone:** 1 cipolla piccola · 320 g di riso Carnaroli (o Vialone Nano) · vino bianco · 1 l di brodo di carne · 3 mazzetti di rucola · 4 cucchiai di grana grattugiato · 120 g di provola fresca · 60 g di prosciutto crudo · burro · olio extravergine · sale · pepe

- Trita la cipolla e soffriggila con 2 cucchiai di olio e uno di burro. Quando inizia a dorare aggiungi il riso, mescola per farlo insaporire e sfuma con mezzo bicchiere di vino.
- Una volta evaporato, copri a filo con il brodo bollente e continua la cottura a fuoco medio, aggiungendo altro brodo via via che viene assorbito. A metà cottura unisci la rucola tritata grossolanamente.
- Una volta pronto, togli il riso dal fuoco, incorpora il grana grattugiato, la provola tagliata a cubetti non troppo piccoli e il prosciutto spezzettato grossolanamente con le mani.
- Mescola con delicatezza e servi subito.

In passato si pensava che la rucola avesse un effetto afrodisiaco, tanto che veniva usata per preparare filtri d'amore.

# Paccheri con la porchetta

•••

**Ingredienti per 4 persone:** 320 g di paccheri • 300 g di porchetta • 30 g di grana grattugiato • 20 g di pecorino grattugiato • burro • olio extravergine • sale • pepe

- Lessa i paccheri in acqua salata; nel frattempo sciogli in una padella 2 noci di burro e un filo di olio.
- Scola la pasta un minuto prima del tempo indicato sulla confezione e ripassala nella padella con il burro, a fuoco alto, per un paio di minuti, aggiungendo anche la porchetta spezzettata.
- Condisci con il grana, il pecorino e abbondante pepe e fai saltare tutto insieme ancora per qualche istante. Servi i paccheri caldissimi.

> Un grande amante della porchetta fu nientemeno che Leonardo da Vinci! Arrivò persino a disegnarla in uno schizzo, oggi di proprietà della Regina d'Inghilterra.

# Pasta con sarde fritte
## e pomodorini

• • •

**Ingredienti per 4 persone:** 1 cipolla • 4 filetti di acciuga sott'olio • 2 mazzetti di finocchietto selvatico (o barbine di finocchio) • pangrattato • 350 g di sarde fresche, delicate e private della testa e delle interiora • 1 uovo • 320 g di spaghetti • 10 pomodorini • olio di semi di arachidi • olio extravergine • sale • pepe

- Soffriggi la cipolla tritata con 4 cucchiai di olio extravergine; quando sarà appassita, aggiungi le acciughe e lasciale sciogliere con il calore. Unisci anche il finocchietto tritato, 2 cucchiai di acqua e fai cuocere per 10 minuti.
- Mescola 2 manciate di pangrattato con un cucchiaino di pepe macinato, passa le sarde aperte a libro nell'uovo sbattuto, poi nel pangrattato aromatizzato al pepe. Friggile in olio di semi di arachidi, poi asciugale con carta assorbente da cucina e tienile da parte.
- Lessa gli spaghetti, scolali al dente e ripassali nel condimento di cipolla e finocchietto a fuoco basso per un minuto.
- Togli dal fuoco, unisci le sarde fritte e i pomodorini tagliati in 4; mescola in modo che le sarde si spezzettino un po' e servi subito.

> Sapevi che solo i tre quarti del pesce pescato ogni anno vengono mangiati? Il resto viene utilizzato per produrre colla, sapone, margarina e fertilizzanti.

# Zuppa di pollo con carote,
## timo e zenzero

• • •

**Ingredienti per 4 persone:** 400 g di carote · 1 cipolla · 1 pezzetto di zenzero fresco (lungo circa 3 cm) · 1,2 l di brodo di pollo · la scorza di ½ limone non trattato · 3 rametti di timo · 400 g di carne di pollo cotta a piacere (anche avanzata) · ½ baguette · burro · olio extravergine · sale

- Scalda in una casseruola 2 cucchiai di olio e una nocciola di burro, aggiungi le carote a pezzi, la cipolla e lo zenzero pelato e tagliato a fettine. Cuoci a fuoco medio, mescolando, finché la cipolla non sarà trasparente: occorreranno circa 5 minuti.
- Unisci anche il brodo, il sale, la scorza di limone e il timo e fai cuocere per circa 30 minuti, fino a quando le carote risulteranno tenere.
- Elimina il timo e la scorza di limone e frulla il resto con un frullatore a immersione, lasciando la crema un po' grossolana.
- Taglia il pollo a pezzetti, aggiungilo alla zuppa e fai insaporire a fuoco basso per 5 minuti, poi regola di sale. Nel frattempo taglia la baguette a fettine e tostale per qualche minuto sotto il grill del forno.
- Distribuisci la zuppa nei piatti, completa con qualche fettina di pane e servi subito.

> La carota è un ortaggio straordinario:
> ha lo 0% di grassi e ne basta una sola per fornirci
> l'intero fabbisogno giornaliero di vitamina A.

# Couscous alla paprika
## con calamari e melanzane

•••

**Ingredienti per 4 persone:** 280 g di couscous precotto • paprika dolce • 1 spicchio di aglio • 250 g di calamari già puliti • ½ bicchiere di vino bianco • 250 g di melanzane grigliate surgelate • 300 ml di brodo di pesce (o vegetale) • 1 rametto di basilico • olio extravergine • sale

- In una terrina mescola il couscous con una presa di sale, un cucchiaio di paprika e 2 cucchiai di olio, finché il colore non sarà omogeneo. Lascia insaporire per 15 minuti circa.
- Nel frattempo, scalda in una padella 4 cucchiai di olio con lo spicchio di aglio schiacciato, lascialo soffriggere finché non inizierà a dorarsi quindi eliminalo e aggiungi i calamari tagliati a pezzetti di circa 3 cm. Fai saltare a fuoco alto per 2-3 minuti e poi sfuma con il vino; lascia evaporare e cuoci ancora, a fuoco medio, finché i calamari non saranno teneri (basteranno pochi minuti).
- Sala leggermente e aggiungi le melanzane, scongelate e tagliate a pezzetti, e abbondante basilico spezzettato. Spegni il fuoco.
- Porta a bollore il brodo, versalo sul couscous nella terrina e copri con un coperchio. Dopo 5 minuti sgrana il couscous con una forchetta o con le mani e condiscilo con il sugo preparato, foglie di basilico e un filo di olio.
- Servi tiepido o a temperatura ambiente.

> Il couscous è un piatto tipico del Nordafrica: in quella zona lo chiamano con una parola araba che significa semplicemente "cibo".

# Orzo al forno con funghi, verza e salsiccia

•••

**Ingredienti per 4 persone:** 150 g di orzo perlato • 1 scalogno • 2 salsicce • 150 g di funghi misti affettati surgelati • 180 g di verza • 40 g di grana grattugiato • 1 uovo grande • olio extravergine • sale • pepe

- Lessa l'orzo in acqua salata per 25 minuti.
- Nel frattempo soffriggi in 2 cucchiai di olio lo scalogno tritato e le salsicce spellate e sbriciolate, sgranandole con un cucchiaio di legno.
- Quando la carne avrà cambiato colore, aggiungi i funghi scongelati e la verza tagliata a striscioline e fai cuocere a fuoco vivace per 7-8 minuti, finché la verza risulterà appena tenera; poi togli dal fuoco e aggiusta di sale.
- Scola l'orzo, mettilo in una ciotola capiente e mescolalo con il condimento di verza e salsicce, il grana (lasciane da parte 2 cucchiai), una macinata di pepe e l'uovo.
- Versa il tutto in una pirofila di circa 18x25 cm, unta con poco olio. Cospargi con il grana rimasto e cuoci in forno preriscaldato a 200 °C per 30 minuti.
- Lascia riposare per 10 minuti fuori dal forno e servi.

> Con l'orzo si fa di tutto: è ottimo come sostituto del riso, ma serve anche per produrre farine, bevande, birre e persino superalcolici.

# Reginette
## con ragù di maiale, panna e Marsala

• • •

**Ingredienti per 4 persone:** 1 cipolla • 200 g di macinato di maiale • farina • 125 ml di Marsala secco • 2 rametti di timo • 1 ciuffetto di salvia • 125 ml di panna fresca • brodo di carne • 320 g di reginette • 40 g di grana grattugiato • olio extravergine • sale • pepe

- In una padella soffriggi la cipolla tritata con 2 cucchiai di olio; quando sarà appassita, aggiungi la carne e falla rosolare sgranandola con un cucchiaio di legno.
- Dopo 3-4 minuti, cospargi con un cucchiaio di farina, mescola e sfuma con il Marsala; quindi unisci il timo, la salvia, la panna, un pizzico di sale e pepe e un bicchiere di brodo caldo.
- Fai bollire a fiamma bassa finché non si sarà formata una cremina: occorreranno 8-10 minuti. Nel frattempo cuoci le reginette in acqua salata, poi scolale al dente.

---

Si narra che il Marsala sia nato in mare: un commerciante inglese, caricato sulla sua nave un vino siciliano prodotto con uve di annate diverse, lo fece allungare con acquavite per elevarne il grado alcolico e mantenerlo buono più a lungo.

- Ripassa la pasta in padella a fuoco lento con il condimento; regola di sale, aggiungi il grana (lasciane da parte 2 cucchiai) e mescola.
- Distribuisci le reginette nei piatti e servi subito cospargendo con il grana rimasto.

# Tagliatelle funghi, speck e vino rosso

• • •

**Ingredienti per 4 persone:** 150 ml di vino rosso corposo • 100 ml di brodo vegetale • 300 g di funghi misti (anche surgelati) • aglio in polvere • 2 cucchiai di farina • 60 g di speck affettato • 320 g di tagliatelle all'uovo • 1 rametto di rosmarino • olio extravergine • sale • pepe

- Versa il vino e il brodo in un pentolino, porta a bollore e lascia restringere il liquido della metà: occorreranno circa 10 minuti.
- Prendi i funghi, elimina con il coltello la punta del gambo e raschia le parti terrose, poi puliscili con un panno bagnato e affettali. Mettili in padella con 3 cucchiai di olio e un pizzico di aglio in polvere e cuoci a fuoco medio per circa 5 minuti.
- Una volta pronti, cospargili con la farina, mescola e poi aggiungi la riduzione di brodo e vino. Fai addensare la crema a fiamma bassa, poi togli dai fornelli, unisci lo speck tagliato a listarelle e condisci con poco sale e una macinata di pepe.
- Lessa le tagliatelle in acqua salata, quindi scolale e, fuori dal fuoco, ripassale in padella con il condimento di funghi. Servi spolverizzando la pasta con un trito fine di rosmarino.

---

Un tempo i contadini dell'Alto Adige mangiavano speck e pane nero con un bicchiere di vino per riprendersi dalle fatiche dei campi. Questa merenda, detta *Brettljause*, è poi diventata un piatto tipico, offerto ancora oggi in segno di ospitalità.

# Farfalle con pesto
## di menta e pecorino

• • •

**Ingredienti per 4 persone:** 1 mazzetto di menta fresca • 50 g di pinoli • 100 g di pecorino grattugiato • 320 g di farfalle • olio extravergine • sale

- Metti nel vaso del mixer le foglie di menta lavate e asciugate, 50 ml di olio, i pinoli e un pizzico di sale. Frulla fino a ottenere una salsina uniforme, quindi unisci il pecorino grattugiato, lasciandone da parte 3 cucchiai. Se il pesto ti sembra troppo denso, diluiscilo con una cucchiaiata di acqua fredda: dovrà risultare abbastanza fluido.
- Lessa le farfalle in abbondante acqua salata e condiscile con il pesto preparato.
- Distribuisci la pasta nei piatti, completa con una grattugiata di pecorino e servi subito.

---

Il nome "menta" deriva da quello della ninfa Mintha. Secondo la mitologia greca, il dio Ade si invaghì di lei scatenando la gelosia della moglie Persefone, che trasformò la ninfa in una piantina insignificante. Ade, in segno d'amore, le donò però l'inconfondibile e intenso profumo.

# Pallotte in brodo
## con crostini al grana
• • •

**Ingredienti per 4 persone:** 300 g di ricotta fresca ben sgocciolata • 2 uova • 150 g di grana grattugiato • noce moscata • pangrattato • 4 fettine di pane casereccio • 1,2 l di brodo di pollo • sale • pepe

- Lavora la ricotta con le uova, 100 g di grana, un pizzico di sale e una grattugiata di noce moscata, aggiungendo tanto pangrattato quanto basta a ottenere un composto malleabile: ne serviranno circa 120 g.
- Cospargi le fettine di pane con il grana rimasto e un pizzico di pepe e passale sotto il grill del forno ben caldo per 2-3 minuti, finché non saranno dorate; prima che si raffreddino, tagliale a quadretti.
- Inumidisciti le mani, forma con il composto di ricotta delle polpettine delle dimensioni di una noce e lessale nel brodo a lento bollore: le pallotte saliranno a galla quasi subito, ma prosegui la cottura per 5-6 minuti, finché non appariranno gonfie e sode.
- Distribuiscile nei piatti, versa sopra il brodo e aggiungi i crostini al grana. Servi subito.

> Un pizzico di noce moscata può rendere delizioso un piatto e fa benissimo al nostro corpo, ma attenzione a non esagerare: in dosi massicce può dare allucinazioni!

# Gnocchetti sardi con fave, guanciale e baccalà

•••

**Ingredienti per 4 persone:** 200 g di baccalà • 1 cipollotto • peperoncino • 100 g di guanciale • 200 g di fave sgusciate • 320 g di gnocchetti sardi • olio extravergine • sale

- Tieni il baccalà in ammollo in frigorifero per almeno 48 ore, immerso in acqua fredda che va cambiata 2 volte al giorno: trascorso questo tempo, il pesce dovrà risultare dissalato senza aver perso il suo caratteristico sapore (è consigliabile, perciò, assaggiarne un pezzetto prima di toglierlo dall'ammollo).
- Trita il cipollotto e soffriggilo in una padella con 2 cucchiai di olio, un pezzetto di peperoncino e il guanciale tagliato a listarelle.
- Appena il grasso del guanciale sarà trasparente, aggiungi le fave e il baccalà a pezzetti e fai cuocere per 6-7 minuti.
- Lessa gli gnocchetti, scolali al dente e saltali insieme al condimento preparato, mescolando in modo da sminuzzare un po' il pesce. Servi subito.

---

Il termine dialettale con cui vengono chiamati gli gnocchetti sardi è *malloreddus*, diminutivo plurale di *malloru*, cioè "toro". Probabilmente questo nome è dovuto alla loro forma panciuta, che ricorda la proverbiale grassezza dei vitellini.

# Spaghetti alla chitarra
## con ricotta e pomodoro
•••

**Ingredienti per 4 persone:** 60 g di pancetta a dadini • peperoncino • 300 g di pomodori pelati • 320 g di spaghetti alla chitarra • 200 g di ricotta fresca • 2 cucchiai di grana grattugiato • olio extravergine • sale • pepe

- Fai soffriggere la pancetta e un pezzetto di peperoncino in una padella con 4 cucchiai di olio.
- Appena sarà rosolata, aggiungi i pomodori schiacciati con le mani e un pizzico di sale e lascia cuocere per circa 10 minuti.
- Nel frattempo, cuoci gli spaghetti in acqua salata. Quindi scolali, condiscili con la ricotta stemperata con un po' di acqua di cottura della pasta e distribuiscili nei piatti.
- Condisci con il sugo di pancetta e pomodori ben caldo, cospargi con il grana e una macinata di pepe e servi.

> Diversi piatti e specialità gastronomiche sono legati alla musica. Chi non conosce le praline austriache chiamate "palle di Mozart" o il secondo a base di carne e foie gras detto "tournedos alla Rossini"? Ma negli Usa spopola anche il "sandwich à la Elvis": un toast con banana e burro di arachidi per il quale il famoso cantante andava pazzo!

# Risotto con salsiccia,
## robiola e cipollotti
• • •

**Ingredienti per 4 persone:** 4 cipollotti con le loro foglie • 3 salsicce • 320 g di riso Carnaroli (o Vialone Nano) • vino bianco • 1 l di brodo di carne • peperoncino a scaglie • 100 g di robiola • olio extravergine • zucchero • sale

- Affetta i cipollotti, compresa la parte tenera delle foglie, e soffriggili in una casseruola a fuoco medio con 3 cucchiai di olio e un pizzico di zucchero, finché non diventeranno morbidi e dorati. Salali, toglili dalla casseruola e tienili da parte.
- Nella stessa casseruola sbriciola le salsicce spellate e falle rosolare per 4-5 minuti, sgranandole bene con un cucchiaio di legno; quando saranno colorite aggiungi il riso, mescola per farlo insaporire e sfuma con mezzo bicchiere di vino.
- Aspetta che l'alcol evapori, poi copri a filo con il brodo bollente, aggiungendone altro via via che viene assorbito, finché il riso non sarà cotto.
- Regola di sale, aggiungi i cipollotti tenuti da parte, un pizzico di peperoncino a scaglie e manteca con la robiola stemperata con poco brodo caldo. Servi il risotto subito.

> Il sale è importantissimo per il nostro corpo: ognuno di noi ne contiene circa 250 g, l'equivalente di 3 o 4 saliere. Ma in cucina è bene non usarne troppo!

# Tortellini con ragù
## di fagioli

•••

**Ingredienti per 4 persone:** ½ cipolla • 40 g di pancetta • aglio in polvere • 300 g di fagioli borlotti lessi • 250 g di passata di pomodoro • 450 g di tortellini con ripieno di carne • 1 ciuffo di prezzemolo • 4 cucchiai di grana grattugiato • olio extravergine • sale

- Trita la cipolla e soffriggila con 2 cucchiai di olio, la pancetta a dadini e un pizzico di aglio in polvere.
- Quando la cipolla sarà appassita, unisci i fagioli e fai insaporire per 2 minuti, quindi aggiungi la passata di pomodoro e prosegui la cottura per 15 minuti, allungando con poca acqua calda se il sugo tende ad addensarsi troppo.
- Cuoci i tortellini in acqua salata, condiscili con il ragù di fagioli e cospargili di prezzemolo tritato e grana. Servi subito.

> I tortellini vengono anche chiamati "ombelico di Venere". Secondo una leggenda sarebbero infatti stati inventati da un locandiere emiliano ispirato dalla perfezione dell'ombelico della dea, che aveva avuto la fortuna di vedere... *en déshabillé*!

# "Lasagne" di mortadella

...

**Ingredienti per 4 persone:** 300 g di pennette • 400 g di sugo di pomodoro al basilico • 250 g di besciamella • 60 g di grana grattugiato • 60 g di olive nere denocciolate • pangrattato • 250 g di mortadella affettata non troppo sottile • olio extravergine • sale

- Cuoci le pennette in abbondante acqua salata, scolale al dente e condiscile con il sugo di pomodoro, la besciamella, il grana (tienine da parte 2 cucchiai) e le olive tagliate a metà.
- Mescola il tutto e componi la "lasagna" in una pirofila quadrata di circa 22 cm di lato, unta con un po' di olio e cosparsa di pangrattato, alternando fette di mortadella (come se fossero la pasta all'uovo di una normale lasagna) e strati di pennette al sugo.
- Cospargi con il grana tenuto da parte e un po' di pangrattato e cuoci in forno preriscaldato a 200 °C per 30 minuti.
- Lascia riposare le lasagne per 10 minuti prima di servirle.

> Più le olive maturano, più diventano ricche di grassi, quindi quelle verdi (cioè acerbe) lo sono molto meno delle nere. In compenso, però, sono entrambe prive di zuccheri.

# RICETTE DEI FAN

# Gazpacho
## con fagottini di mozzarella filante

•••

Elisa Zini – Nerviano (Mi)

**Ingredienti per 4 persone:** Per il gazpacho: 100 g di mollica di pane raffermo ben secca • ½ cipolla rossa (o 1 cipolla piccola) • 1 spicchio di aglio • 500 g di pomodori maturi • 1 peperone giallo piccolo • 1 cetriolo • 1 cucchiaio di aceto di vino bianco • 1 cucchiaio di olio extravergine • sale • pepe Per i fagottini: 300 g di pasta di pane • 150 g circa di mozzarella di bufala ben sgocciolata (la quantità esatta dipende dalle dimensioni dei fagottini) • olio di semi di arachidi

- Fare ammollare la mollica in una ciotola con una tazza di acqua tiepida.
- Tagliare finemente la cipolla, poi metterla a bagno in acqua calda e sale grosso per una decina di minuti per stemperarne il sapore e renderla più delicata.
- Tritare l'aglio, tagliare a metà i pomodori e fare a pezzetti il peperone e il cetriolo sbucciato.
- Passare nel mixer il peperone e il cetriolo, poi aggiungere i pomodori, l'aglio, la cipolla scolata e il pane leggermente strizzato.
- Condire con l'aceto, l'olio extravergine, un pizzico di sale e uno di pepe e continuare a frullare fino a ottenere un composto liscio e omogeneo.
- Riporre il gazpacho così preparato in frigorifero fino al momento di servire.

- Nel frattempo, preparare i fagottini: stendere la pasta di pane e ritagliare dei cerchi con l'aiuto di un bicchiere.
- Mettere al centro un pezzetto di mozzarella e richiudere a mezzaluna schiacciando bene i bordi con i rebbi di una forchetta.
- Scaldare abbondante olio di semi di arachidi e, quando sarà ben caldo, friggere i fagottini pochi minuti per parte, finché non saranno dorati.
- Scolarli su un foglio di carta assorbente per eliminare l'olio in eccesso, poi servirli ancora ben caldi in accompagnamento al gazpacho.

# Jota semplificata
## in risotto

• • •

**Ingredienti per 6 persone:** ½ cipolla • 2 foglie di salvia • 1 ciuffo di prezzemolo • aglio in polvere • 150 g di pancetta affumicata a dadini • 150 g di crauti in barattolo • vino bianco • 300 g di fagioli borlotti lessi • 400 g di riso Carnaroli (o Vialone Nano) • 1 foglia di alloro fresco • 1,2 l di brodo vegetale • olio extravergine • sale • pepe

- In una casseruola con 4 cucchiai di olio fai soffriggere un trito di cipolla, salvia e prezzemolo con un pizzico di aglio in polvere.
- Trascorso qualche minuto, unisci la pancetta e poco dopo i crauti ben sgocciolati.
- Sfuma con un dito di vino e, una volta evaporato, unisci i fagioli, il riso e la foglia di alloro.
- Copri a filo con il brodo bollente e cuoci come un risotto, a fuoco medio, aggiungendo brodo caldo man mano che viene assorbito.
- A fine cottura aggiusta di sale e pepe, elimina la foglia di alloro e servi.

> La jota è un piatto povero tipico di Trieste e del Friuli. Si tratta di una minestra che un tempo i contadini mangiavano talmente spesso che se ne lamentavano esclamando: *"Simpri jote e mai polente e lat!"* (cioè "Sempre jota e mai polenta e latte!").

# Carbonara con verdure, mortadella e birra

• • •

**Ingredienti per 4 persone:** 150 g di mortadella in una sola fetta • 2 carote • 2 zucchine medie • 1 porro • 4 foglie di cavolo cappuccio • 150 ml di birra bionda • 320 g di mezze maniche • 2 cucchiai di grana grattugiato • 2 uova • olio extravergine • sale • pepe

- In una padella, con un cucchiaio di olio, fai rosolare per 2-3 minuti la mortadella a cubetti, poi trasferiscila in un piatto.
- Taglia sottilmente le verdure: a fette oblique le carote e le zucchine, a rondelle il porro e a striscioline le foglie di cavolo.
- Prendi la padella in cui hai rosolato la mortadella, versaci altri 3 cucchiai di olio, aspetta che sia ben caldo e poi saltaci le verdure per 2 minuti. Sala, sfuma con 100 ml di birra e fai cuocere a fuoco basso per 9-10 minuti.
- Lessa le mezze maniche in acqua salata, scolale al dente e ripassale nella padella con le verdure a fuoco medio.
- Dopo un minuto spegni il fuoco e aggiungi la mortadella, il grana e le uova sbattute con sale, pepe e la birra rimasta. Mescola rapidamente e servi subito la pasta.

> Non si sa con certezza chi abbia inventato la pasta alla carbonara. Le ipotesi sono 3: i carbonai umbri, un cuoco napoletano o i soldati americani a Roma durante la Seconda guerra mondiale. Scegli la versione che preferisci!

# Spaghetti cacio e pepe
## in rosso

• • •

**Ingredienti per 4 persone:** 4 falde di peperone rosso arrosto surgelato (circa 40 g cad.) · 150 g di pecorino romano grattugiato · 320 g di spaghetti · sale · pepe

- Frulla il peperone scongelato con il pecorino e un cucchiaino circa di pepe appena macinato.
- Nel frattempo cuoci gli spaghetti in acqua con un pizzico di sale: ne basta poco perché il pecorino è già molto saporito.
- Condisci la pasta con la crema di formaggio e peperoni diluita con poca acqua di cottura, se necessario, e servi con un'ultima macinata di pepe.

Grazie alla grande quantità di sale, che ne permette una lunga conservazione, il pecorino romano costituiva uno degli alimenti base delle legioni dell'antica Roma. Per lo stesso motivo, è tra i pochi formaggi che i migranti italiani sono riusciti a portare negli Stati Uniti a inizio Novecento.

# Insalata di riso
## con melone, feta e capperi fritti

• • •

**Ingredienti per 4 persone:** 320 g di riso Carnaroli (o Arborio) • 3 cucchiai di capperi sotto sale • 250 g di melone sbucciato • 50 g di feta • il succo di 1 limone • 1 ciuffetto di menta • olio di semi di arachidi • olio extravergine • sale • pepe

- Lessa il riso in acqua salata, scolalo al dente e allargalo su un ampio vassoio in modo che si raffreddi velocemente.
- Sciacqua bene i capperi sotto l'acqua per eliminare il sale, strizzali e tamponali con carta assorbente da cucina. Scalda abbondante olio di semi di arachidi in un padellino e friggi i capperi per circa 2 minuti, rimestando con un cucchiaio in modo che cuociano uniformemente. Quando saranno leggermente dorati e croccanti, scolali su carta assorbente da cucina e lasciali raffreddare.
- In una terrina capiente metti il melone a tocchetti, la feta sbriciolata e il riso raffreddato. Condisci con 5 cucchiai di olio, sale, pepe, il succo di limone e la menta tagliuzzata, aggiungi i capperi fritti e mescola delicatamente.
- Servi subito l'insalata di riso, altrimenti ricordati di aggiungere i capperi fritti solo all'ultimo, in modo che restino croccanti.

> In Oriente il riso è sempre stato considerato simbolo di abbondanza e prosperità.
> Per questo anche da noi è nata l'usanza di lanciarlo agli sposi, in segno di buon auspicio.

# Gnocchi di pollo
## con sugo al rosmarino

• • •

**Ingredienti per 4 persone:** 450 g di petto di pollo • 1 uovo • 1 tuorlo • 150 g di patate lesse • 90 g di grana grattugiato + un po' per spolverizzare • 30 g di farina • noce moscata • pangrattato • 400 g di passata di pomodoro • 1 rametto di rosmarino • olio extravergine • sale • pepe

- Frulla nel mixer il pollo crudo, unisci l'uovo e il tuorlo, le patate schiacciate, il grana, la farina, una grattugiata di noce moscata, sale, pepe e 2-3 cucchiai di pangrattato, quanto basta per ottenere un composto sodo e omogeneo.
- Inumidisciti le mani e prepara con il composto tante palline della dimensione di una ciliegia (oppure forma dei rotolini sul tavolo infarinato e tagliali a pezzetti, come si fa per i classici gnocchi di patate).
- Fai bollire a fuoco basso per 5 minuti la passata di pomodoro con 3 cucchiai di olio e il rosmarino tritato.
- Lessa gli gnocchi in acqua salata, scolali quando vengono a galla, condiscili con il sugo al rosmarino e cospargi con poco grana. Servi subito.

> Cos'hanno in comune le pile e gli gnocchi di patate?
> L'inventore! È stato infatti Alessandro Volta
> a ideare l'impasto degli gnocchi così come
> lo conosciamo oggi.

# Tagliatelle con asparagi, cannella e grana

•••

**Ingredienti per 4 persone:** 2 scalogni • 400 g di asparagi • cannella in polvere • 320 g di tagliatelle all'uovo • 50 g di grana grattugiato • olio extravergine • sale

- Trita gli scalogni e soffriggili in padella con 3 cucchiai di olio.
- Quando saranno appassiti, unisci gli asparagi privati della parte dura e tagliati a rondelle, aggiungi un goccio di acqua e fai cuocere a fuoco basso per circa 10 minuti, finché non saranno teneri. Schiacciali leggermente con la forchetta, salali e aggiungi un pizzico di cannella.
- Lessa le tagliatelle, scolale e ripassale a fuoco spento nella padella con gli asparagi, aggiungendo un po' di acqua di cottura della pasta e 2 cucchiai di grana.
- Distribuisci la pasta nei piatti, completa con una spolverizzata di grana e ancora un pizzico di cannella e servi subito.

> La pianta degli asparagi appartiene alla stessa famiglia dello scalogno e di fiori splendidi come gigli, mughetti, giacinti e tulipani.

# Zuppa di primizie

...

**Ingredienti per 4 persone:** 8 patatine novelle · 1 porro · 1 cipollotto con le sue foglie · 2 carotine novelle · 100 g di fagiolini · 80 g di pisellini freschi o surgelati · 1 foglia di alloro · 1,2 l di brodo vegetale · 1 cuore di lattuga · crostini di pane · olio extravergine · sale

- Metti in una pentola le patatine lavate ma non sbucciate, il porro e il cipollotto (comprese le foglie verdi tenere) affettati, le carotine a rondelle, i fagiolini tagliati a metà e i pisellini. Aggiungi 4 cucchiai di olio e fai cuocere a fuoco basso per circa 5 minuti, mescolando.
- Regola di sale, poi unisci l'alloro e il brodo caldo, porta a bollore e cuoci per 15 minuti, finché le verdure non saranno tenere. Quindi incorpora alla zuppa la lattuga a striscioline e continua a cuocere per 1-2 minuti.
- Elimina l'alloro e servi la zuppa ben calda, con i crostini di pane.

> Se per sbaglio hai messo troppo sale in una zuppa, prima di servirla immergici per una decina di minuti qualche fetta di patata cruda: lo assorbirà alla perfezione.

## RICETTE DEI FAN

# Risotto con mele e pancetta

• • •

Paola Glino
Porto Torres (Ss)

**Ingredienti per 4 persone:** 3 mele Granny Smith • 1 scalogno • 320 g di riso Carnaroli • 200 g di pancetta dolce a cubetti • grana grattugiato • burro • olio extravergine • sale **Per il brodo:** 1 costa di sedano • 1 carota • 1 cipolla

- Preparare il brodo: far bollire il sedano, la carota e la cipolla, mondati e ridotti a pezzetti, in 2,5 l di acqua per circa 40 minuti. Trascorso questo tempo, filtrarlo.
- Sbucciare le mele, eliminare il torsolo a tagliarle a dadini.
- Tritare finemente lo scalogno e farlo appassire con un filo di olio in una casseruola. Unire il riso e tostarlo leggermente, aggiungere un mestolo di brodo vegetale, la pancetta a cubetti (se si preferisce un sapore più deciso, farla prima soffriggere in padella) e metà dei dadini di mela.
- Salare e continuare a cuocere il riso, aggiungendo il brodo man mano che viene assorbito. A cottura quasi ultimata, unire la mela rimasta e una noce di burro.
- Una volta pronto, mantecare il risotto fuori dal fuoco con una spolverizzata di grana e servire subito.

# Pappardelle
## con pescatrice e bietoline

• • •

**Ingredienti per 6 persone:** 2 scalogni • 450 g di rana pescatrice già pulita • 400 g di bietoline • 80 ml di panna fresca • 450 g di pappardelle all'uovo • olio extravergine • sale • pepe

- Soffriggi in padella gli scalogni tritati con 3 cucchiai di olio; quando saranno appassiti, unisci il pesce tagliato a cubetti e fallo rosolare per 2 minuti.
- Aggiungi le bietoline e cuoci per 4 minuti, con il coperchio, mescolando ogni tanto. Una volta cotta la verdura, tagliuzza un po' le foglie più grandi con le forbici, direttamente nella padella, quindi unisci la panna, un pizzico di sale e pepe e mescola.
- Cuoci le pappardelle in abbondante acqua salata, ripassale nella padella con il condimento, a fuoco spento, e servile calde.

*La rana pescatrice è un pesce che può diventare veramente enorme: alcuni esemplari sono lunghi 2 m e pesano più di 55 kg!*

# Ravioli al pesto
## di nocciole e mascarpone
• • •

**Ingredienti per 4 persone:** 120 g di nocciole tostate • 100 g di mascarpone • 120 ml di latte • aglio in polvere • 40 g di grana grattugiato • 500 g di ravioli con ripieno di ricotta e spinaci • maggiorana • sale • pepe

- Metti nel vaso del mixer le nocciole e polverizzale. Poi aggiungi il mascarpone, il latte, un pizzico di aglio in polvere, uno di sale, uno di pepe e il grana e frulla ancora fino a ottenere una salsina omogenea.
- Lessa i ravioli in acqua salata, scolali e condiscili con il pesto di nocciole: se è troppo denso, aggiungi un po' di acqua di cottura della pasta. Completa con alcune foglioline di maggiorana e una macinata di pepe e servi subito.

---

Il nocciolo è ritenuto in diverse culture una pianta di buon auspicio, perché il guscio che racchiude i suoi frutti ricorda la forma del ventre materno. Era quindi usanza regalarlo agli sposi, come augurio di felicità e fecondità.

# Risotto con sedano, limone e crescenza

•••

**Ingredienti per 4 persone:** 1 scalogno • 4 coste di sedano • 320 g di riso Carnaroli (o Vialone Nano) • 1 limone non trattato • 1 l di brodo vegetale • 150 g di crescenza • 3 cucchiai di grana grattugiato • pepe rosa in grani • olio extravergine • sale

- Soffriggi per 2 minuti lo scalogno tritato con 3 cucchiai di olio e il sedano a fettine, quindi aggiungi il riso e una grattugiata di scorza di limone.
- Fai insaporire per un minuto, poi sfuma con 2 cucchiai di succo di limone diluiti con altrettanta acqua.
- Una volta evaporato il liquido, copri a filo con il brodo bollente e porta a cottura aggiungendo altro brodo via via che viene assorbito dal riso.
- A fine cottura aggiungi altra scorza di limone grattugiata, un cucchiaio di succo, la crescenza e il grana e mescola delicatamente.
- Servi cospargendo ogni piatto con alcuni grani di pepe rosa.

> Ecco un piccolo trucco per ricavare da un limone fino all'ultima goccia del suo succo: prima di spremerlo, immergilo velocemente in acqua bollente.

# Minestra
## di verdure crude

• • •

**Ingredienti per 4 persone:** 6 pomodori maturi e sodi (tipo San Marzano o Roma) • 1 peperone rosso • 2 carote • 2 zucchine piccole e sode • 2 cipollotti • 1 cuore di sedano con le foglie • 1 ciuffo di basilico • brodo vegetale • il succo di ½ limone • peperoncino a scaglie • aceto balsamico di Modena • olio extravergine • sale

- Taglia a pezzi grossi tutte le verdure (del sedano usa 2 coste e tieni da parte il resto) e frullale nel mixer insieme al basilico. Aggiungi anche mezzo bicchiere di brodo tiepido, il succo di limone e 4 cucchiai di olio, e continua a frullare fino a ottenere una crema non proprio liscia, leggermente granulosa. Se il composto è molto denso, diluiscilo con un po' di brodo, ma senza esagerare: non deve diventare troppo liquido.
- Trasferisci la minestra nei piatti e guarnisci con il cuore di sedano tagliato a pezzetti (utilizza anche le foglie), un filo di olio, un pizzico di peperoncino e una spruzzata di aceto balsamico.
- Servi subito.

> Nel Settecento l'aceto balsamico era considerato talmente pregiato che i Duchi di Modena e Reggio inviavano quello prodotto nelle loro terre in dono a zar e imperatori.

# Gnocchi
## con sugo vegetariano e camembert

• • •

**Ingredienti per 4 persone:** 300 g di carote • 350 g di porri • semi di finocchio • ½ bicchiere di vino bianco • 200 ml di brodo vegetale • 1 kg di gnocchi di patate • 20 g di grana grattugiato • 80 g di camembert • olio extravergine • sale • pepe

- Scalda in una padella 4 cucchiai di olio, aggiungi le carote tritate, i porri affettati e mezzo cucchiaino di semi di finocchio. Lascia soffriggere per 2-3 minuti, a fuoco medio, quindi bagna con il vino e fallo evaporare.
- Aggiungi il brodo, sala, copri con un coperchio e fai stufare a fuoco basso per 15 minuti. Se a fine cottura il sugo risultasse ancora liquido, togli il coperchio e alza la fiamma per un paio di minuti.
- Lessa gli gnocchi in acqua salata, scolali appena salgono a galla e condiscili con il sugo di verdure, il grana e il camembert a pezzetti.
- Mescola delicatamente e servi gli gnocchi ben caldi, cospargendoli con una macinata di pepe e qualche seme di finocchio.

> Si narra che il primo camembert sia stato preparato dalla contadina normanna Marie Harel, grazie alle indicazioni di un sacerdote in fuga dalla regione di Brie durante la Rivoluzione francese.

# Spaetzle con cavoletti
## e gorgonzola

• • •

**Ingredienti per 4 persone:** 300 g di cavoletti di Bruxelles · 200 g di gorgonzola dolce · 100 ml di panna fresca · 2 uova · 200 g di farina · 80 ml di latte · 100 g di nocciole tostate · burro · sale · pepe

- Lessa i cavoletti di Bruxelles in acqua salata per 10-12 minuti, finché non saranno teneri, e conserva l'acqua di cottura.
- In una padella sciogli una noce di burro e lascia insaporire i cavoletti per 2 minuti, quindi aggiungi il gorgonzola a pezzetti, la panna e fai fondere a fuoco basso. Aggiusta di sale.
- Amalgama le uova con la farina e un pizzico di sale in una ciotola capiente, poi versaci il latte a filo, mescolando fino a ottenere una pastella piuttosto densa.
- Riporta a bollore l'acqua di cottura dei cavoletti, appoggia sopra la pentola l'attrezzo per fare gli spaetzle e fai scendere la pastella attraverso i fori. Scolali appena verranno a galla e trasferiscili nella padella con il condimento.
- Falli insaporire su fuoco basso per un minuto e servili ben caldi, con una spolverizzata di nocciole tritate e una macinata di pepe.

> Il 65 % del gorgonzola viene prodotto nella provincia di Novara ed è qui che a dicembre 2013 è stato battuto il record del panino al gorgonzola più lungo del mondo: a Bellinzago Novarese ne è stato preparato uno di oltre 1 km!

# Zuppa pavese
## con scalogni caramellati

• • •

**Ingredienti per 4 persone:** 30 g di burro • 500 g di scalogni • 100 ml di vino bianco • 800 ml di brodo di carne • 1 piccola foglia di alloro • 4 fette di pane casereccio • 4 uova • 50 g di grana grattugiato • sale

- Fai fondere il burro in una casseruola, unisci gli scalogni tagliati a fette spesse e fai cuocere a fuoco medio, con il coperchio, per 10-12 minuti, finché non saranno teneri e ben dorati.
- Sfuma con il vino, lascia evaporare l'alcol, poi aggiungi il brodo caldo, la foglia di alloro e una presa di sale. Fai bollire per 10 minuti, quindi elimina l'alloro.
- Tosta le fette di pane sotto il grill del forno per 2-3 minuti e disponile nei piatti. Sguscia un uovo su ogni fetta, facendo attenzione a non rompere il tuorlo, e cospargi con un po' di grana.
- Ricopri tutto con il brodo bollente e gli scalogni, in modo che l'uovo si rapprenda un po' con il calore, e servi subito.

> **Sapevi che anche le uova si possono conservare in freezer? Basta separare tuorli e albumi, oppure mescolarli bene e aggiungere un pizzico di sale o di zucchero. Prima di usarle, ricordati di farle scongelare a temperatura ambiente!**

# Penne alla norcina
## con polpette agli spinaci
...

**Ingredienti per 4 persone:** 120 g di spinaci surgelati • 3 salsicce • 320 g di penne • 200 ml di panna • 2 cucchiai di pecorino grattugiato • 3 cucchiai di grana grattugiato • sale • pepe

- Tuffa gli spinaci in acqua bollente salata per 2-3 minuti, poi scolali, strizzali e tritali con il coltello.
- Spella le salsicce, mettile in una terrina insieme agli spinaci e lavora il tutto con le mani fino a ottenere un composto omogeneo.
- Con l'impasto così ottenuto forma delle polpettine della dimensione di una ciliegia e falle rosolare su tutti i lati in padella, con il coperchio e senza aggiungere grassi, per 7-8 minuti.
- Cuoci le penne in acqua salata, scolale al dente e ripassale nella padella con le polpette, a fuoco medio, aggiungendo anche la panna.
- Dopo circa un minuto togli la pasta dal fuoco, unisci i formaggi, una macinata di pepe e servi subito.

> Gli spinaci sono tra gli ortaggi con il contenuto di ferro più alto, ma si tratta di una quantità comunque così piccola da essere irrilevante per l'organismo: che ci rendano più forti è solo una credenza diffusa da *Braccio di Ferro*!

# Spaghetti all'olio
## e pangrattato saporito

•••

**Ingredienti per 4 persone:** la scorza di ½ limone non trattato • peperoncino a scaglie • 1 spicchio di aglio • 4 filetti di acciuga sott'olio • 4 fette di pane leggermente raffermo • 320 g di spaghetti • olio extravergine • sale • pepe

- Metti nel vaso del mixer la scorza di limone, un pizzico di peperoncino a scaglie, l'aglio, le acciughe e la mollica del pane spezzettata; aggiungi un filo di olio e trita fino a ottenere un composto briciloso.
- In una padella scalda 3 cucchiai di olio e soffriggi il composto, a fuoco basso e mescolando di continuo, finché non diventerà croccante: basteranno 3-4 minuti.
- Cuoci gli spaghetti in acqua salata, scolali e ripassali nella padella con il pangrattato, a fuoco spento.
- Aggiusta di sale, condisci la pasta con pepe macinato e un filo di olio a crudo e servi subito.

> Fino al Settecento gli spaghetti si mangiavano con le mani perché non esistevano posate con cui arrotolarli. Fu Gennaro Spadaccini, furbo ciambellano di Ferdinando II di Borbone, a inventare le forchette a 4 rebbi che utilizziamo ancora oggi.

# Farro perlato
## con carciofi, pomodorini e olive

• • •

**Ingredienti per 4 persone:** 320 g di farro perlato • 4 carciofi • aceto di vino bianco • 250 g di pomodorini • 30 g di olive verdi denocciolate • 1 ciuffo di erba cipollina • 100 g di caciotta • olio extravergine • sale • pepe

- Lessa il farro in acqua salata per circa 30 minuti.
- Nel frattempo monda i carciofi, tagliali a spicchi e falli cuocere in acqua salata, acidulata con 3 cucchiai di aceto.
- Una volta cotti, scolali, mettili in una ciotola capiente, condiscili con olio, sale e pepe e lasciali raffreddare.
- Aggiungi i pomodorini a spicchi, le olive a pezzetti, un abbondante trito di erba cipollina e la caciotta a dadini.
- Quando il farro è pronto, scolalo e stendilo su una teglia o un vassoio, in modo che si raffreddi rapidamente.
- Condiscilo con le verdure, aggiusta di sale e servilo fresco oppure a temperatura ambiente.

> A Castroville, in California, si celebra da oltre cinquant'anni il Festival del carciofo.
> Nel 1948 come reginetta fu incoronata una giovane e ancora sconosciuta Marilyn Monroe!

# Riso Venere con melanzane
## e pesto agrumato

...

**Ingredienti per 4 persone:** 1 melanzana nera · 100 g di mandorle pelate · 20 g di capperi sotto sale · 1 arancia non trattata · 1 limone non trattato · 320 g di riso Venere parboiled (a cottura rapida) · 1 mazzetto di basilico · olio di semi di arachidi · olio extravergine · sale

- Taglia la melanzana a cubetti e friggili in abbondante olio di semi di arachidi, poi sgocciolali su carta assorbente da cucina, sala leggermente e tieni da parte.
- Frulla le mandorle con i capperi dissalati, 3 scorzette di arancia e 3 di limone (prelevale con un pelapatate evitando la parte bianca), quindi aggiungi circa 60 ml di olio extravergine e frulla ancora fino a ottenere una crema. Aggiusta di sale.
- Lessa il riso per circa 20 minuti (segui le indicazioni sulla confezione), scolalo e condiscilo con il pesto preparato: se fosse troppo denso, puoi diluirlo con poca acqua di cottura.
- Trasferisci il riso in un ampio piatto da portata, cospargilo con le melanzane fritte, abbondante basilico spezzettato e qualche spicchio di arancia pelato a vivo, cioè privato della pellicina esterna con un coltellino affilato. Servi tiepido o a temperatura ambiente.

---

In Italia è coltivato solo da una ventina di anni, ma il riso nero è conosciuto da secoli in Cina, dove era considerato una vera rarità, degna soltanto degli imperatori.

# Minestra di ragù
## con pizzicotti

• • •

**Ingredienti per 4 persone:** 300 g di farina di grano duro · 1,5 l di brodo di carne · 150 g di ragù di carne · 4 cucchiai di grana grattugiato · sale

- Metti nel mixer la farina, un pizzico di sale e 150 ml di acqua e aziona le lame fino a ottenere una palla di pasta.
- Estrai l'impasto e fallo a pezzetti, strappandolo tra pollice e indice, in modo da ottenere tanti piccoli gnocchetti della dimensione di un fagiolo.
- Butta i pizzicotti così preparati nella pentola con il brodo bollente; appena vengono a galla aggiungi il ragù e fai bollire ancora per 2-3 minuti.
- Aggiusta di sale, distribuisci nei piatti e cospargi con il grana.

> Nell'antichità il sale era talmente prezioso che veniva dato ai legionari romani come compenso per il loro lavoro: è da qui che viene la parola "salario"!

# Risotto al salmone
## con peperoni gialli

• • •

**Ingredienti per 4 persone:** 1 cipolla • 2 peperoni gialli piccoli • 320 di riso Carnaroli (o Vialone Nano) • 150 ml di vino bianco • 1 l di brodo vegetale • 150 g di salmone affumicato • 1 ciuffo di barbine di finocchio (o prezzemolo) • 60 g di grana grattugiato • olio extravergine • sale

- Soffriggi in un'ampia casseruola con 3 cucchiai di olio la cipolla affettata sottile e i peperoni tritati al coltello o con la mezzaluna; fai cuocere per 5 minuti a fuoco basso.
- Aggiungi il riso e mescola per farlo insaporire. Sfuma con il vino e, una volta evaporato, copri a filo con il brodo bollente.
- Continua la cottura a fuoco medio, aggiungendo altro brodo caldo man mano che viene assorbito.
- A cottura ultimata, aggiusta di sale e unisci il salmone spezzettato e le barbine di finocchio tritate.
- Cospargi con il grana e servi subito.

> Le nonne hanno imparato a non buttar via mai niente! In cucina, per esempio, usavano le barbine di finocchio per fare delle profumatissime frittate.

# RICETTE DEI FAN

# Ravioli
## con peperoni cruschi
...

### Claudio Gallucci - Potenza

**Ingredienti per 5 persone:** 5 peperoni cruschi (peperoni di Senise IGP) • 400 g di ricotta • pecorino grattugiato • 1 uovo • 500 g di pasta fresca all'uovo • olio extravergine • sale **Per condire:** sugo di pomodoro (o burro e salvia)

- Pulire i peperoni con cura, con un panno, poi friggerli in padella con un filo di olio ben caldo: appena si gonfiano (bastano pochi secondi) prelevarli e farli asciugare su carta assorbente da cucina.
- Sbriciolare i peperoni fritti e lavorarli con una forchetta insieme alla ricotta e a qualche cucchiaio di pecorino. Unire anche l'uovo e un pizzico di sale e amalgamare bene.
- Stendere la pasta fresca in una sfoglia sottile, ricavarne dei dischi usando un coppapasta tondo del diametro di circa 5 cm, farcirne la metà con un cucchiaino di ripieno e richiudere ciascuno con un disco vuoto, premendo bene con le dita lungo i bordi per sigillarli.
- Lessare i ravioli così ottenuti e servirli con un semplice sugo di pomodoro, oppure con burro fuso e foglie di salvia.

# Chitarrine "mimosa" e speck

• • •

**Ingredienti per 4 persone:** ½ cipolla • ½ cucchiaio di curry • ½ bicchiere di brodo di carne • 1 cucchiaino di amido di mais • 2 bustine di zafferano • 320 g di spaghetti alla chitarra secchi • 40 g di grana grattugiato • 80 g di speck in una sola fetta • 4 tuorli sodi • burro • sale

- Trita finemente la cipolla e falla appassire a fuoco basso in una padella con il curry e una grossa noce di burro. Quando sarà trasparente versa anche il brodo e fai bollire a fuoco medio per 3-4 minuti.
- Sciogli l'amido di mais e lo zafferano in una tazzina di acqua fredda e aggiungi il liquido alla padella, mescolando rapidamente. Fai addensare per circa un minuto, finché il sugo risulterà mediamente denso, poi spegni il fuoco.
- Cuoci gli spaghetti alla chitarra in abbondante acqua salata e scolali al dente, ripassali brevemente in padella con il condimento su fiamma media, togli dal fuoco e condisci con il grana, lo speck tagliato a striscioline e ancora una noce di burro.
- Mescola bene e servi la pasta caldissima, cospargendola con i tuorli sodi sbriciolati a mano o schiacciati con uno spremiaglio.

> Ricordi Garinei e Giovannini, gli inventori del musical all'italiana? Nella loro commedia *Se il tempo fosse un gambero* c'è un divertente inno alla cipolla, definita "il prezioso tartufo dei poveri".

# Timballo con broccoli, formaggio e prosciutto di Praga

• • •

**Ingredienti per 4 persone:** 300 g di fusilli • 300 g di cimette di broccolo • 500 g di besciamella • 180 g di prosciutto di Praga affettato spesso • 180 g di fontina • burro • sale

- Cuoci i fusilli insieme ai broccoli in acqua salata.
- Scolali quando la pasta è al dente e condiscili con la besciamella, il prosciutto a dadini e la fontina grattugiata con la grattugia a fori grandi.
- Trasferisci il tutto in una pirofila imburrata di circa 22x28 cm e cuoci in forno preriscaldato a 200 °C per circa 30 minuti.
- Sforna, lascia riposare il timballo per qualche minuto e servi.

Un grande fan del tradizionale timballo siciliano era Giuseppe Tomasi di Lampedusa, che nel suo romanzo *Il Gattopardo* scrive: "L'oro brunito dell'involucro, [...] non era che il preludio della sensazione di delizia che si sprigionava dall'interno quando il coltello squarciava la crosta". Una descrizione sublime... e golosissima!

# Crema di cavolfiore
## con pisellini e pane nero
•••

**Ingredienti per 4 persone:** 1 cavolfiore • 200 g di patate • 1 cipolla • 1 l di brodo vegetale • 150 g di pisellini freschi o surgelati • 3 fette di pane nero • 50 ml di panna fresca • olio extravergine • sale • pepe

- Metti in una pentola il cavolfiore, le patate sbucciate e tagliate a pezzi, mezza cipolla e il brodo, sala leggermente e lascia bollire per circa 20 minuti, finché le verdure non risulteranno tenere.
- Nel frattempo, in una casseruola, fai stufare per 5 minuti i pisellini con 2 cucchiai di olio, la restante cipolla tritata e 3 cucchiai di acqua. Aggiungi sale e pepe e tieni da parte.
- Taglia il pane a dadini e tostali per qualche minuto sotto il grill del forno.
- Quando le verdure nel brodo saranno cotte, frullale con un frullatore a immersione in modo da ottenere una crema omogenea. Unisci la panna e aggiusta di sale, poi mescola bene per amalgamare perfettamente il tutto.
- Distribuisci la crema nei piatti e completa ogni portata con un po' di pisellini e qualche crostino di pane. Condisci con un filo di olio e una macinata di pepe e servi subito.

> Il pepe nero indiano era amatissimo nell'antica Roma, ma Plinio il Vecchio si lamentava del suo costo: "Non vi è anno in cui l'India non dreni 50 milioni di sesterzi all'Impero romano".

# Polenta pasticciata
## con cotechino e lenticchie
...

**Ingredienti per 4 persone:** 300 g di farina per polenta a cottura rapida • 200 g di cotechino cotto • 80 g di formaggio Italico • 200 g di lenticchie lesse • 4 cucchiai di grana grattugiato • burro • sale • pepe

- Metti a bollire 1,2 l di acqua con il sale e, quando raggiunge il bollore, versa a pioggia la farina per polenta. Senza mai smettere di mescolare unisci il cotechino sbriciolato e continua la cottura per 5 minuti (segui le indicazioni sulla confezione).
- Appena la polenta sarà pronta aggiungi il formaggio a dadini, le lenticchie e una noce di burro, poi amalgama bene.
- Distribuisci la polenta nei piatti, condisci con una spolverizzata di grana e una macinata di pepe e servila ancora fumante.

> A Castelnuovo Rangone, in provincia di Modena, l'amore per il cotechino è tale che, nella piazza principale, è stata posta una statua che rappresenta e omaggia il suo ingrediente principale: il maiale!

## RICETTE DEI FAN

# Risotto
## con carote viola e robiola

•••

Lorena Biolchi
Casale di Mezzani (Pr)

**Ingredienti per 4 persone:** 1 cipolla rossa di Tropea • 320 g di riso Carnaroli (o Vialone nano) • ½ bicchiere di vino Gutturnio fermo • 300 g di carote viola (o carote normali) • 1 l di brodo vegetale • 100 g di robiola • olio extravergine • sale

- Tagliare finemente la cipolla e farla appassire in una casseruola con un filo di olio.
- Unire il riso, lasciarlo tostare per qualche minuto, quindi sfumare con il vino.
- Aggiungere anche le carote, pelate e tagliate a pezzetti (si possono usare anche quelle normali, ma l'effetto finale sarà meno scenografico), e un mestolo di brodo ben caldo. Portare a cottura il riso versando il brodo poco per volta, man mano che viene assorbito.
- Una volta pronto, regolare di sale, unire la robiola e mantecare a fuoco spento, lasciando il risotto morbido e non troppo denso. Servirlo subito, ben caldo.

# Secondi

# Branzino tiepido
## con lenticchie alla senape

•••

**Ingredienti per 4 persone:** 400 g di lenticchie lesse • ½ cipolla rossa • 1 foglia di alloro • 2 rametti di timo • 250 g di filetti di branzino • il succo di ½ limone • 2 cucchiai di aceto di mele • 2 cucchiai di senape forte • 1 ciuffo di erba cipollina • olio extravergine • sale • pepe

- In una terrina metti le lenticchie, la cipolla tagliata a spicchi, l'alloro e il timo, aggiungi un filo di olio, mescola e lascia riposare.
- Nel frattempo cuoci al vapore, per 5 minuti, i filetti di branzino (oppure lessali in acqua salata per lo stesso tempo e poi scolali), disponili su un piatto da portata e condiscili con il succo di limone, olio, sale e pepe. Tieni in caldo.
- Elimina dalle lenticchie la cipolla, l'alloro e il timo e insaporiscile con una salsina ottenuta mescolando l'aceto di mele, la senape, l'erba cipollina tagliuzzata e 2 cucchiai di olio. Aggiusta di sale e mescola bene.
- Sistema le lenticchie accanto al branzino e servi subito.

> Altro che per i soldi a Capodanno... le lenticchie vanno mangiate spesso perché hanno pochissimi grassi e sono ricche di fibre e vitamine!

# Arrosto in crosta
## di noci miste

• • •

**Ingredienti per 4 persone:** 50 g di frutta secca mista (noci, nocciole, mandorle, pistacchi ecc.) • 15 g di grana grattugiato • 15 g di pangrattato • 1 uovo • 800 g di arista di maiale • olio extravergine • sale • pepe

- Trita la frutta secca non troppo finemente e mescolala con il grana, il pangrattato, sale e pepe.
- In una larga ciotola sbatti l'uovo con un pizzico di sale, poi passaci l'arista di maiale, girandola in modo che venga ricoperta del tutto. Fai sgocciolare la carne e rotolala nel trito di frutta secca e grana, impanandola uniformemente.
- Ungi con un filo di olio una placca da forno, sistemaci sopra l'arista e cuoci in forno preriscaldato a 190 °C per 50 minuti.
- Fai riposare l'arrosto per 10-15 minuti prima di affettare e servire.

> Le noci fanno bene a noi, ma anche ai tacchini: più ne mangiano, più la loro carne diventa morbida e gustosa.

## RICETTE DEI FAN

# Parmigiana di melanzane e seitan
...

Tiziana Maschio – Torino

**Ingredienti per 8 persone:** 1 melanzana tonda grossa • 1 scamorza affumicata (o 1 mozzarella) • ½ cipolla • 700 g di passata di pomodoro • 400 g di seitan in panetti tondi • basilico • ½ cipolla • olio extravergine • sale • pepe

- Tagliare la melanzana a fette non troppo sottili, quindi grigliarla. Ridurre la scamorza a listarelle e affettare il seitan in modo da ottenere dei dischi.
- Versare un cucchiaio di olio in un tegame e farvi appassire la cipolla affettata finemente. Quando imbiondisce, unire la passata di pomodoro e il seitan, regolare di sale e di pepe e aggiungere abbondante basilico. Far cuocere a fuoco basso per circa 15 minuti, con il coperchio.
- Assemblare una parmigiana per ogni commensale alternando una fetta di melanzana, sugo di pomodoro, una fetta di seitan, scamorza e basilico fino a esaurire gli ingredienti.
- Passare in forno per 6-7 minuti a 180 °C (o in microonde a media potenza per 2-3 minuti) in modo che il formaggio si sciolga. Sfornare e servire subito.

# Pizza con bietole, pomodorini e provola

• • •

**Ingredienti per 1 pizza:** 1 rotolo di pasta fresca per pizza rotonda · 100 g di bietole già cotte · 80 g di pomodorini · basilico · 3 cucchiai di grana grattugiato · 60 g di provola fresca · olio extravergine · sale

- Srotola la pasta per pizza, sistemala su una teglia con la sua carta da forno e lasciala riposare per 15 minuti (segui le indicazioni sulla confezione).
- Condisci le bietole con olio e sale e distribuiscile sulla pizza, aggiungi i pomodorini tagliati a metà, alcune foglie di basilico, il grana e la provola spezzettata, un filo di olio e sale.
- Cuoci in forno preriscaldato a 250 °C per 10-12 minuti, poi sforna la pizza e servila subito.

> La pizza marinara non ha nulla a che vedere con il pesce! Si chiama così perché era lo spuntino preferito dei marinai napoletani al ritorno dal lavoro e durante i loro lunghi viaggi.

# Frittata alla tirolese

...

**Ingredienti per 6 persone:** 1 cipolla · 150 g di pancetta affumicata a dadini · 200 g di mollica di pane integrale · 8 uova · olio extravergine · sale · pepe

- In una padella con un velo di olio soffriggi la cipolla affettata sottile e la pancetta finché non saranno dorate, quindi trasferiscile in una terrina.
- Taglia il pane a cubetti di 2 cm e fallo soffriggere a fuoco medio nella stessa padella, con altri 2 cucchiai di olio, muovendolo spesso. Una volta diventato croccante, uniscilo alla pancetta.
- A parte sbatti le uova con una presa di sale e abbondante pepe, aggiungile al resto e mescola.
- Scalda molto bene 2 cucchiai di olio nella padella, versa il composto e cuoci a fuoco medio. Quando la frittata si sarà rappresa, voltala con l'aiuto di un coperchio o di un piatto e fai formare la crosticina anche sull'altro lato.
- Servi subito.

> A luglio 2014 a Swaton, in Inghilterra, si è tenuta la nona edizione dei campionati mondiali di lancio delle uova. Vuoi metterti alla prova? Il record da battere è di 74,15 m!

# Bocconcini di vitello
## speziati al mascarpone

**Ingredienti per 4 persone:** 4 bacche di ginepro • 1 chiodo di garofano • ½ cucchiaino di cannella in polvere • ½ cucchiaino di zenzero in polvere • aglio in polvere • 800 g di spezzatino di vitello • farina • 600 ml di brodo di carne • 120 g di mascarpone • olio extravergine • sale

- Schiaccia le bacche di ginepro, pesta il chiodo di garofano (usa un mortaio o il fondo di un bicchiere) e miscelali con la cannella, lo zenzero e un pizzico di aglio in polvere.
- Scalda in una casseruola 3 cucchiai di olio, aggiungi le spezie e, appena inizieranno a sfrigolare, unisci anche la carne. Falla rosolare a fuoco alto per 2 minuti, girandola, poi cospargila con una cucchiaiata di farina e una presa di sale; mescola e copri a filo con il brodo caldo.
- Se il sugo dovesse asciugarsi troppo, aggiungi altro brodo o acqua calda durante la cottura.
- Copri con un coperchio e cuoci a fuoco basso per circa 45 minuti: la carne sarà cotta quando risulterà ben tenera. Togli dal fuoco, aggiungi il mascarpone, mescola e aggiusta di sale. Servi i bocconcini di vitello ben caldi.

> Versa un po' di chiodi di garofano in una ciotola e mettila nella dispensa: il loro profumo tiene lontane le farfalline del cibo e altri insetti.

# Hamburger con prosciutto, cipollotti e provolone

•••

**Ingredienti per 4 persone:** 1 cipollotto • 2 foglie di lattuga • 120 g di provolone dolce • 120 g di maionese • 4 panini per hamburger • 4 hamburger di manzo • 4 fette di prosciutto crudo • olio extravergine

- Affetta finemente il cipollotto e la lattuga, grattugia il provolone usando una grattugia a fori grandi e mescola il tutto con la maionese.
- Metti a scaldare i panini sulla bistecchiera ben calda (o sotto il grill del forno, già caldo) per 1-2 minuti e, nel frattempo, cuoci gli hamburger in padella con 2 cucchiai di olio, 2 minuti per lato.
- Appena saranno pronti, spegni il fuoco e poni su ognuno di essi una fetta di prosciutto, in modo che si ammorbidisca un po' con il calore della carne.
- Trasferisci gli hamburger nei panini, aggiungi una cucchiaiata di salsa al cipollotto e provolone, chiudi il panino e servi subito.

Gli americani lo chiamano *hamburger* (cioè "di Amburgo"), noi *svizzera*: in ogni caso è partendo dall'area germanica d'Europa che questa polpetta di carne macinata ha conquistato il mondo!

# Stufato di fagioli giganti
## e finocchi

• • •

**Ingredienti per 4 persone:** 4 finocchi • il succo di 1 limone • ½ bicchiere di vino bianco • 800 g di fagioli bianchi di Spagna lessati • olio extravergine • sale • pepe

- Taglia i finocchi a spicchi di 1 cm di spessore.
- Scalda in una casseruola 3 cucchiai di olio, aggiungi i finocchi e falli cuocere a fuoco alto per circa 2 minuti, finché non saranno dorati. Quindi abbassa un po' la fiamma e continua la cottura per 2-3 minuti, in modo che diventino morbidi.
- Unisci il sale, il succo di limone e il vino e fai bollire per un minuto, poi aggiungi i fagioli e cuoci a fuoco medio, con il coperchio, per altri 7-8 minuti.
- Condisci con una macinata di pepe, aggiusta di sale e servi lo stufato tiepido.

> Noi italiani siamo tra i più grandi consumatori
> di olio d'oliva al mondo:
> ogni anno ne usiamo oltre 13 l a testa!

# Padellata di manzo
## all'americana

• • •

**Ingredienti per 6 persone:** 1 cipolla • 500 g di macinato di manzo • 1 pizzico di aglio in polvere • 1 cucchiaino di senape dolce • 150 ml di ketchup • 2 cucchiai di salsa barbecue • 1 pizzico di zucchero • olio extravergine • sale • pepe

- Trita la cipolla e soffriggila in 3 cucchiai di olio che avrai scaldato in un'ampia padella. Quando il soffritto inizierà a dorare aggiungi la carne e falla rosolare a fuoco medio, sgranandola con un cucchiaio di legno, finché non sarà uniformemente ben cotta. A questo punto unisci l'aglio in polvere, la senape, il ketchup, la salsa barbecue, lo zucchero e una presa di sale.
- Metti il coperchio e fai cuocere a fuoco basso per 10-12 minuti, finché la carne non risulterà avvolta da una salsa densa e lucida. Profuma con una macinata di pepe e servi subito, ben caldo.
- Se preferisci, puoi servire la carne così preparata all'interno di un panino per hamburger.

> Chi pensa che il ketchup sia un'invenzione americana e recente sbaglia di grosso! Viene dalla Malesia dove, già più di 500 anni fa, questo nome era usato per indicare una saporita salsa di pesce.

# Crocchette di salmone
## alle 3 panature

• • •

**Ingredienti per 4 persone:** 500 g di salmone al naturale in scatola sgocciolato • 3 uova • 100 g di pangrattato • 40 g di semi di sesamo • 20 g di farina di mais • 20 g di semi di papavero • 60 g di arachidi tostate sgusciate • farina • olio di semi di arachidi • sale • pepe

- Metti nel vaso del mixer il salmone ben sgocciolato, 2 uova, il pangrattato, sale e pepe. Frulla fino a ottenere un composto omogeneo e poi forma delle palline della dimensione di una noce.
- Versa in un piattino i semi di sesamo, in uno la farina di mais miscelata con i semi di papavero, in un altro le arachidi tritate non troppo finemente.
- Infarina le crocchette, passale nell'uovo rimasto (sbattuto con una presa di sale), dividile in 3 gruppi e passa ciascuno in una delle 3 diverse panature. Scalda 2 dita di olio di semi di arachidi in una padella e friggi fino a ottenere una bella doratura.
- Scola le crocchette su carta assorbente da cucina e servile calde.

> Stanchezza? Stress? Ansia? I semi di papavero sono un'ottima soluzione, perché hanno un effetto rilassante sul sistema nervoso.

# Petto d'anatra
## con scalogni e castagne

•••

**Ingredienti per 4 persone:** 2 petti d'anatra (circa 350 g cad.) • 1 bottiglia di vino rosso corposo • 100 g di pancetta affumicata a dadini • 8 scalogni • farina • 250 g di castagne precotte • sale

- Togli la pelle al petto d'anatra afferrandola saldamente e tirandola via (tienila da parte), poi taglia la carne a bocconcini e immergili nel vino.
- Scalda in una casseruola la pelle dell'anatra finché non avrà rilasciato il suo grasso e sarà ben dorata, poi eliminala, aggiungi al suo posto la pancetta e gli scalogni interi e fai rosolare per 3-4 minuti, mescolando.
- Trascorso questo tempo, unisci una spolverizzata di farina e, poco dopo, la carne con tutto il vino. Porta a bollore e lascia cuocere a fuoco basso e con il coperchio per 45-50 minuti: l'anatra sarà cotta quando risulterà tenera.
- Aggiungi le castagne e fai bollire a fuoco medio, senza coperchio, per 10 minuti, in modo che il liquido si addensi e le castagne si insaporiscano.
- Aggiusta di sale e servi ben caldo.

> Un tempo in montagna il pane di castagne era diffusissimo: sia perché i cereali erano difficili da trovare sia perché si poteva preparare in casa, senza pagare le tasse sul macinato.

# Filetti di sogliola
## con paprika e grana
•••

**Ingredienti per 4 persone:** 600 g di filetti di sogliola • farina • vino bianco • 50 g di grana grattugiato • paprika dolce • burro • olio extravergine • sale

- Infarina i filetti di sogliola e cuocili in padella con una noce di burro e un filo di olio, ben caldi, 2 minuti per lato.
- Aggiungi una spruzzata di vino bianco, fai evaporare l'alcol, poi sala e togli dal fuoco.
- Spolverizza i filetti di sogliola con il grana mescolato con un cucchiaino di paprika e servi subito.

> L'abbinamento tra pesce e vino è proverbiale. Secondo un detto popolare, infatti, il pesce vuole nuotare 3 volte: prima nell'acqua, poi nell'olio e infine nel vino!

# Girandole di carne
## alla griglia

•••

**Ingredienti per 4 persone:** 100 g di cime di rapa lessate • 1 spicchio di aglio • 600 g di carne di manzo in un'unica fetta, non troppo spessa • 70 g di provolone dolce • 16 olive taggiasche denocciolate • olio extravergine • sale • pepe

- Ripassa in padella le cime di rapa con 2 cucchiai di olio e lo spicchio di aglio intero, schiacciato. Dopo circa 5 minuti sala, elimina l'aglio, togli dal fuoco e lascia intiepidire.
- Stendi la carne su un tagliere, coprila con un foglio di carta da forno e battila con il batticarne. Togli la carta, condisci con sale e pepe e ricopri con le verdure ripassate in padella, il provolone grattugiato con una grattugia a fori grandi e le olive.
- Arrotola la carne come per formare un grosso involtino e infilzalo da parte a parte con uno stecchino di legno ogni 5 cm. Affetta l'involtino tra un bastoncino e l'altro, in modo da ottenere le girandole.
- Scalda la bistecchiera, ungila con un filo di olio e griglia le girandole circa 2 minuti per lato. Copri con un foglio di alluminio, abbassa la fiamma e fai andare ancora per 1-2 minuti.
- Servi le girandole appena pronte.

> Non solo contro streghe e vampiri: l'aglio veniva usato anche per tenere lontane infezioni e malattie, come raffreddore e influenza!

# Orata alla pugliese
## con peperoni e pomodorini

...

**Ingredienti per 4 persone:** 1 mazzetto di prezzemolo · aglio in polvere · 50 g di pecorino grattugiato · 2 patate grandi (circa 220 g cad.) · 450 g di filetti di orata · 1 peperone arrostito surgelato · 300 g di pomodorini · olio extravergine · sale

- Trita il prezzemolo con un pizzico di aglio in polvere e il pecorino e affetta le patate allo spessore di 5 mm.
- Prendi una casseruola o una teglia di circa 20x30 cm, ungila con un po' di olio e disponi gli ingredienti a strati: comincia con le fette di patate leggermente sovrapposte, poi metà del trito di prezzemolo, prosegui con i filetti di pesce, copri con il peperone e i pomodorini a pezzetti e cospargi con il trito rimasto. Metti un pizzico di sale fra uno strato e l'altro.
- Condisci con un generoso giro di olio e cuoci in forno preriscaldato a 200 °C per 45 minuti. Prima di sfornare verifica che le patate siano cotte, infilzandole con la punta di un coltello.
- Servi il pesce tiepido.

> Chi dorme non piglia pesci, ma chi mangia pesci dorme meglio! I grassi buoni di cui sono ricchi, chiamati **Omega-3**, hanno infatti anche la proprietà di conciliare il sonno.

# Tagliata di tonno
## in crosta di pepe

• • •

**Ingredienti per 4 persone:** 30 g di pangrattato · 3 cucchiai di pepe macinato grosso · 1 cucchiaio di semi di sesamo · farina · 1 fetta di tonno fresco di circa 600 g e dello spessore di 3 cm · 2 albumi · salsa di soia · olio extravergine · sale

- Mescola il pangrattato con il pepe e i semi di sesamo.
- Infarina la fetta di tonno, passala negli albumi sbattuti con una presa di sale e poi impanala con il pangrattato al pepe e semi di sesamo, premendo per far aderire bene la panure.
- Scalda in una padella antiaderente un cucchiaio di olio e fai cuocere il tonno 4 minuti per lato, ricordando di aggiungere un cucchiaio di olio quando lo giri.
- Fai riposare il pesce fuori dal fuoco per 5 minuti, sala e servi la "bistecca" tagliata a fette e accompagnata con qualche goccia di salsa di soia.

> Il più grande mercato del pesce al mondo è quello di Tsukiji, a Tokyo. Qui, nel 2013, un tonno rosso di primissima qualità e del peso di 222 kg è stato comprato all'asta al prezzo record di 155,4 milioni di yen, circa 1,3 milioni di euro!

# Stecchi di arrosto
## e verdure

• • •

**Ingredienti per 4 persone:** 800 g di arrosto già cotto • 1 mazzetto di prezzemolo • 4 cucchiai di grana grattugiato • 4 fette di melanzana grigliata • 100 g di peperoni grigliati in barattolo sgocciolati • 12 pomodorini • olio extravergine • sale

- Taglia sottilmente l'arrosto freddo in modo da ottenere 16 fette sottili.
- Prendine una, cospargila con un trito di prezzemolo e una spolverizzata di grana e copri con una strisciolina di melanzana e un pezzetto di peperone ben sgocciolato. Arrotola formando un involtino e prepara allo stesso modo tutte le altre fette.
- Taglia a metà i pomodorini e monta gli spiedini: infila su ciascuno stecchino lungo 2 involtini di carne alternati a 3 mezzi pomodorini e procedi così fino a esaurimento degli ingredienti.
- Disponi gli stecchi su un piatto da portata, condiscili con un filo di olio e un pizzico di sale e servi a temperatura ambiente.

> **Anche le melanzane si abbronzano! Il loro colore viola intenso è infatti dovuto alla presenza delle antocianine, dei pigmenti che la pianta produce per proteggersi dalle radiazioni ultraviolette: proprio come fa la nostra pelle quando si scurisce perché esposta alla luce del sole!**

# Spezzatino di cernia
## con finocchi

• • •

**Ingredienti per 4 persone:** 1 scalogno • 1 filetto di acciuga sott'olio • 2 finocchi • ½ bicchiere di vino bianco • 400 g di passata di pomodoro • 500 ml di brodo di pesce • 600 g di filetti di cernia • 1 ciuffo di prezzemolo • fette di pane tostato • olio extravergine • sale • pepe

- Soffriggi in una casseruola lo scalogno tritato e il filetto di acciuga con 3 cucchiai di olio.
- Unisci i finocchi affettati allo spessore di circa 1 cm, fai insaporire per un minuto, sfuma con il vino e, una volta evaporato, aggiungi la passata di pomodoro e il brodo.
- Condisci con sale e pepe, chiudi con il coperchio e fai bollire a fuoco basso per 20 minuti.
- Trascorso questo tempo, taglia il pesce a pezzi e mettilo nella casseruola: deve cuocere per 3-4 minuti, senza coperchio, ben immerso nell'intingolo.
- Una volta pronto, completa con il prezzemolo tritato e servi lo spezzatino ben caldo con il pane tostato.

> In Liguria le acciughe sono dette *u pan du ma*, cioè "il pane del mare", perché un tempo, fresche o conservate sotto sale, anche nei momenti di crisi a tavola non mancavano mai.

# Piatto freddo
## con tacchino prezzemolato

• • •

**Ingredienti per 4 persone:** 1 spicchio di aglio • 500 g di fesa di tacchino a fette • 1 limone non trattato • 150 g di prosciutto cotto • 1 mazzetto di prezzemolo • 150 g di formaggio fresco spalmabile • ½ cetriolo • 500 g di verdure grigliate miste • olio extravergine • sale • pepe

- Metti in una ciotolina 4 cucchiai di olio con lo spicchio di aglio tagliato in 4 e lascia riposare.
- Nel frattempo lessa il tacchino in acqua salata con 2 scorzette di limone per 6-7 minuti, poi scolalo, tritalo grossolanamente con la mezzaluna insieme al prosciutto e metti tutto in una terrina.
- Aggiungi abbondante prezzemolo sminuzzato, il formaggio fresco, il cetriolo a dadini e il succo di mezzo limone, aggiusta di sale e mescola bene.
- Sistema il composto al centro di un grande piatto da portata e disponi tutto intorno le verdure grigliate, condite con sale, pepe e l'olio aromatizzato all'aglio. Servi fresco.

> Un detto napoletano recita: *"Ammore e lo cetrulo vanno paro, doce è la ponta, ma lo culo è amaro"*. Insomma, l'amore è come il cetriolo: dolce all'inizio, ma amaro alla fine!

## RICETTE DEI FAN

# Alici all'italiana

•••

Claudia Ferrigno
Maiori (Sa)

**Ingredienti per 8 persone:** 500 g di mozzarella di bufala • 1 kg di alici fresche • 500 g di pomodori ciliegini • basilico • 100 g di olive di Gaeta denocciolate • 100 g di grana grattugiato • olio extravergine • sale

- Il giorno prima, tagliare a metà la mozzarella di bufala e lasciarla a sgocciolare in un colino in frigorifero.
- L'indomani deliscare, lavare e asciugare le alici, quindi porle su una piastra antiaderente già calda, unta con un filo di olio, e farle arrostire su entrambi i lati per pochi minuti.
- Tagliare i pomodorini a spicchi e condirli con sale, olio, basilico e le olive. Ridurre a dadini la mozzarella di bufala.
- Ungere leggermente una teglia da forno e disporvi uno strato di pomodorini conditi, uno di alici e uno di mozzarella. Spolverizzare con il grana e ripetere tutti gli strati in quest'ordine fino a esaurire gli ingredienti, terminando con mozzarella e grana.
- Infornare a 220 °C per circa 25 minuti, poi servire subito il pesce, guarnito con qualche foglia di basilico.

# Polpette nel fungo

...

**Ingredienti per 4 persone:** 8 funghi champignon grandi · 2 fette spesse di pancarré · 70 g di mortadella · 2 fette di speck · 200 g di macinato di vitello · 30 g di grana grattugiato · 1 uovo · pangrattato · olio extravergine · sale · pepe

- Prepara i funghi: elimina con il coltello la punta del gambo e raschia le parti terrose; pulisci tutto il fungo con un panno bagnato, quindi stacca i gambi torcendoli delicatamente.
- Frulla nel mixer il pancarré con la mortadella, lo speck e i gambi dei funghi e versa il tutto in una ciotola, poi unisci il macinato, il grana, l'uovo, sale e pepe, amalgama con le mani e forma 8 polpette.
- Sistema i cappelli dei funghi su una placca rivestita di carta da forno, con la parte concava verso l'alto, e condisci con sale e pepe.
- Metti una polpetta in ciascun cappello, premendo con il palmo della mano, poi cospargi con pangrattato e un filo di olio e cuoci in forno preriscaldato a 180 °C per 40 minuti.
- Servi i funghi ripieni caldi o tiepidi.

---

Una leggenda narra che il pancarré sia nato a Torino.
Qui i panettieri servivano alle mogli dei boia il pane rovesciato all'ingiù in segno di disprezzo, ma quando quest'atto venne proibito dalle autorità,
per aggirare la legge iniziarono a cuocere apposta
per loro delle pagnotte a forma di mattone.

# Fonduta valdostana
## al pomodoro

• • •

**Ingredienti per 4 persone:** 1 spicchio di aglio • 230 g di passata di pomodoro • 350 g di fontina • 1 cucchiaino di amido di mais • 50 ml di vino bianco • crostini di pane • patate lesse (facoltative) • burro • sale • pepe

- In una casseruola fai fondere una noce di burro, quindi unisci lo spicchio di aglio intero schiacciato e, appena inizia a sfrigolare, la passata di pomodoro e 50 ml di acqua.
- Porta a bollore, poi togli dal fuoco, elimina l'aglio e aggiungi la fontina grattugiata con la grattugia a fori grandi. Fai sciogliere il formaggio a fiamma bassissima, mescolando delicatamente.
- Stempera l'amido di mais con il vino, versalo nella casseruola, gira e lascia cuocere a fuoco lento finché il composto non apparirà liscio e vellutato: basteranno pochi minuti.
- Condisci con sale e pepe e porta in tavola la fonduta sull'apposito fornellino, accompagnata con i crostini. In alternativa, servi la fonduta in un piatto, sopra delle patate lesse, ancora ben calde e tagliate a metà per il lungo, oppure a dadi o a fette.

> Dopo anni di esperimenti, finalmente ci sono riusciti: in Basilicata è nato il carciocacio, primo formaggio italiano fatto con il caglio vegetale. In questo caso, come rivela il nome, arriva dai carciofi.

# Insalata di cozze, persico e verdurine

•••

**Ingredienti per 4 persone:** 250 g di zucchine piccole e sode • 12 pomodori datterini • 1 spicchio di aglio • 80 g di olive nere denocciolate • 3 rametti di timo • 2 rametti di maggiorana • 300 g di cozze sgusciate surgelate • 400 g di filetti di pesce persico • olio extravergine • sale

- Grattugia le zucchine con la grattugia a fori grandi e mettile in una terrina, unisci i pomodorini tagliati a metà, lo spicchio di aglio intero schiacciato, le olive e le foglioline di timo e maggiorana. Condisci con olio e sale e lascia riposare.
- Nel frattempo, cuoci a vapore per 6-7 minuti le cozze scongelate insieme ai filetti di pesce persico, poi lasciali intiepidire.
- Elimina l'aglio dalla terrina con le verdure, aggiungi le cozze e il persico spezzettato e mescola delicatamente.
- Aggiusta di sale, irrora con un filo di olio e servi subito.

> Secondo un mito, fu Afrodite, dea dell'amore, a coltivare per prima la maggiorana e ad attribuirle il suo tipico profumo. Proprio per questo, le ragazze greche credevano che, mettendone un rametto sotto il cuscino, avrebbero scoperto in sogno il volto del loro futuro marito!

# Morbidoni
## al prosciutto cotto

• • •

**Ingredienti per 4 persone:** 250 g di prosciutto cotto • 100 g di mozzarella • 1 uovo • pangrattato • sale

- Metti nel vaso del mixer il prosciutto e la mozzarella tagliati a dadini, l'uovo e un pizzico di sale, frulla fino a ottenere un composto liscio e poi aggiungi circa un cucchiaio di pangrattato, per renderlo malleabile e non troppo morbido.
- Forma delle polpette schiacciate, simili agli hamburger, ponile su una placca rivestita di carta da forno e cuocile in forno preriscaldato a 170 °C per 20 minuti.
- Servi i morbidoni tiepidi.

> Dopo Babe, protagonista di un famoso film, tra i giovani suini è nata una nuova celebrità: Jamon. Su internet spopolano le foto di questo simpaticissimo maialino vestito – proprio così! – con costumi di ogni tipo: da diavoletto, pirata, tartaruga, zebra… provate a cercarle e diventerete subito suoi fan!

# Hamburger di gamberi
## con salsa alla senape

• • •

**Ingredienti per 4 persone:** 500 g di code di gambero sgusciate • 1 albume • 60 g di pangrattato • 1 ciuffo di prezzemolo • 2 cucchiai di senape • 2 cucchiai di succo di limone • olio extravergine • sale

- Metti nel vaso del mixer i gamberi crudi, l'albume e il pangrattato e frulla fino a ottenere un composto non troppo liscio. Aggiungi il sale e il prezzemolo tritato e mescola bene.
- Forma gli hamburger direttamente su una placca rivestita di carta da forno, aiutandoti con un cucchiaio bagnato.
- Irrora con un filo di olio e cuoci in forno preriscaldato a 200 °C per 15 minuti.
- Nel frattempo sbatti in una ciotolina la senape con il succo di limone e 4 cucchiai di olio e aggiusta di sale.
- Servi gli hamburger ben caldi insieme alla salsa alla senape.

> I gamberi sono famosi per la loro camminata all'indietro, ma… non è vero!
> Si muovono normalmente in avanti e fanno dei piccoli saltelli all'indietro soltanto quando incontrano un pericolo.

# Pizza con carciofini
## e salmone affumicato

...

**Ingredienti per 1 pizza:** 70 g di carciofini sott'olio • origano secco • aglio in polvere • 1 rotolo di pasta per pizza fresca rotonda • 70 g di salmone affumicato • 40 g di formaggio fresco spalmabile • olio extravergine • sale • pepe

- Metti nel vaso del mixer i carciofini, 2 cucchiai di olio, un pizzico di origano e uno di aglio e frulla fino a ottenere una crema non troppo fine. Nel caso fosse molto densa, aggiungi qualche cucchiaio di acqua fredda, poca alla volta, per diluirla.
- Srotola la pasta per pizza, sistemala su una placca da forno con la sua carta e lasciala riposare per 15 minuti (segui le indicazioni sulla confezione).
- Quindi distribuisci sopra la crema di carciofini, condisci con una presa di sale, pepe e un filo di olio e cuoci in forno preriscaldato a 250 °C per 10-12 minuti.
- Sforna la pizza e condiscila con il salmone affumicato tagliato a striscioline e il formaggio fresco a fiocchetti.

> Nel Rinascimento il carciofo era considerato un cibo di lusso e usato anche per adornare i viali di ville e palazzi. Infatti pochi sanno che quello che noi mangiamo è un bocciolo: se lo si lascia crescere sulla pianta, si trasforma in uno splendido fiore viola-azzurro!

# "Saltimbocca" di maiale
## alla pizzaiola

• • •

**Ingredienti per 4 persone:** 2 pomodori San Marzano maturi e sodi • 100 g di mozzarella • 8 fettine di lonza di maiale (circa 70 g cad.) • origano secco • 4 filetti di acciuga sott'olio • olio extravergine • sale

- Taglia i pomodori per il lungo e affetta la mozzarella.
- Copri le fettine di lonza con un foglio di carta da forno e battile con il batticarne in modo da assottigliarle il più possibile.
- Condiscile con sale e un pizzico di origano e sistema su ognuna una fettina di mozzarella, una di pomodoro e mezzo filetto di acciuga.
- Scalda 3 cucchiai di olio in una padella antiaderente e cuoci i "saltimbocca" così preparati a fuoco medio per 6-7 minuti. Servili ben caldi.

> L'origano non è buono solo sulla pizza, ma anche contro il raffreddore. Il suo olio essenziale, diluito in acqua bollente, è infatti perfetto per i suffumigi.

## RICETTE DEI FAN

# Polpette di ceci e zucchine

• • •

Maria Grazia Papi - Roma

**Ingredienti per 4 persone:** 150 g di ceci secchi (meglio biologici) • bicarbonato di sodio • 1 rametto di rosmarino • 2 zucchine piccole • 2 carote piccole • prezzemolo • noce moscata • pangrattato • olio extravergine • sale Per guarnire: rucola • pomodorini • 1 limone non trattato

- Il giorno prima di realizzare questa ricetta, mettere a bagno i ceci con acqua e un pizzico di bicarbonato per 24 ore, cambiando l'acqua almeno un paio di volte.
- L'indomani sciacquare bene i ceci, strofinandoli con un panno, metterli nella pentola a pressione con il rosmarino e coprire con acqua: il suo livello deve superare quello dei ceci di almeno 2 cm.
- Cuocere per 30-35 minuti dall'inizio del fischio, a fiamma bassa.
- Trascorso questo tempo, far "sfiatare" la pentola a pressione, aprirla, aggiungere carote e zucchine pulite e tagliate a dadini, richiudere e cuocere per altri 5 minuti dopo il fischio.
- Scolare bene i ceci e le verdure e metterli in un mixer con un ciuffo di prezzemolo, una grattugiata di noce moscata, sale e un filo di olio.
- Trasferire il composto in una terrina e aggiungere, mescolando, tanto pangrattato quanto basta a ottenere un im-

pasto morbido ma consistente e omogeneo.
- Con le mani bagnate formare delle polpettine grandi all'incirca quanto un'albicocca, schiacciarle in modo da ottenere dei dischi e passarle nel pangrattato avendo cura di impanarle completamente.
- Friggerle in una padella antiaderente con un velo di olio ben caldo: sono pronte quando risultano belle dorate su entrambi i lati.
- A cottura ultimata far sgocciolare le polpette su un foglio di carta assorbente da cucina e lasciarle raffreddare.
- Disporre le polpette su un letto di rucola e pomodorini in un piatto da portata, guarnire con fettine di limone e servire.

# Brand de cujun
## con olive e pomodori secchi
•••

**Ingredienti per 4 persone:** 600 g di stoccafisso già ammollato • 3 patate medie (circa 130 g cad.) • 1 spicchio di aglio • 1 ciuffo di prezzemolo • 40 g di olive taggiasche denocciolate • 40 g di pomodori secchi sott'olio • fette di pane tostato (facoltativo) • olio extravergine • sale • pepe

- Fai cuocere per circa 40 minuti in acqua leggermente salata lo stoccafisso a pezzi con le patate, sbucciate e tagliate a metà, e lo spicchio di aglio.
- Trascorso questo tempo, elimina l'aglio, scola il pesce e le patate, rimettili nella pentola vuota e chiudila con il coperchio.
- Scuoti ripetutamente la pentola per fare in modo che i 2 ingredienti, sfaldandosi, formino un composto cremoso (aiutati mescolando ogni tanto con un cucchiaio di legno).
- Condisci con olio, sale, pepe e prezzemolo tritato e trasferisci il brand de cujun su un piatto da portata.
- Cospargi con un trito di olive e pomodori secchi e servi tiepido, accompagnando a piacere con il pane tostato.

> Lesse, fritte, arrosto... oggi le patate piacciono a tutti, ma un tempo erano considerate tossiche — perché crescono sotto terra — e venivano date da mangiare solo agli animali.

# Panino con hamburger
## e insalata croccante

• • •

**Ingredienti per 4 persone:** 200 g di cavolo cappuccio • 1 carota • 1 ciuffo di erba cipollina • 3 cucchiai di maionese • 2 cucchiai di yogurt greco • 1 cucchiaio di aceto di vino bianco • 4 panini per hamburger • 4 hamburger di manzo • 80 g di salsa barbecue • olio extravergine • sale • pepe

- Prepara l'insalata: taglia il cavolo a striscioline e la carota a julienne (puoi usare la grattugia a fori grandi), mescolali con abbondante erba cipollina tritata e condisci con una salsina ottenuta mescolando la maionese, lo yogurt, l'aceto, sale e pepe. Lascia riposare al fresco.
- Metti a scaldare i panini sulla bistecchiera ben calda (o sotto il grill del forno, già caldo) per 1-2 minuti e, nel frattempo, cuoci gli hamburger in padella con un filo di olio e un pizzico di sale, 2 minuti per lato.
- Versa in padella la salsa barbecue e prosegui la cottura per un minuto, girando di nuovo la carne a metà cottura.
- Farcisci ciascun panino con un hamburger e un po' di insalata croccante e servi subito.

---

*La maionese c'è chi la spalma sul pane... e chi sui capelli! Perché gli ingredienti con cui è preparata contribuiscono a renderli meno secchi (olio e tuorlo) e più lucidi (aceto e limone)!*

# Polpette con scarola,
## uva passa e pinoli

• • •

**Ingredienti per 6 persone:** 100 g di pancarré • 400 g di macinato di manzo • 2 salsicce • 50 g di grana grattugiato • 50 g di pecorino grattugiato • 2 uova • noce moscata • 1 cespo di scarola • 3 filetti di acciuga sott'olio • 30 g di uva passa • 30 g di pinoli • olio extravergine • sale • pepe

- Frulla nel mixer il pancarré, trasferiscilo in una ciotola e aggiungi il macinato di manzo, le salsicce spellate, i formaggi, le uova, sale, pepe e una grattugiata di noce moscata, poi amalgama il tutto con le mani.
- Con il composto ottenuto forma delle polpette della dimensione di una grossa noce e cuocile a fuoco medio, con 3 cucchiai di olio, per circa 15 minuti, muovendo la padella di tanto in tanto per farle dorare su tutti i lati. A metà cottura copri con un coperchio.
- Nel frattempo lava la scarola e tagliala a pezzi, saltala per 3-4 minuti a fiamma vivace in una padella ben calda con 4 cucchiai di olio, poi aggiungi le acciughe, l'uva passa e i pinoli. Cuoci ancora per un paio di minuti a fuoco medio, mescolando, e sala.
- Unisci il condimento alle polpette ormai pronte e servi tiepido.

> Secondo alcuni studi, i nostri antenati erano tutti intolleranti al lattosio. Sembra infatti che "soltanto" da 7000 anni il corpo umano abbia imparato a digerire il latte non materno!

# Uova in camicia
## con taleggio e purè ai funghi
### •••

**Ingredienti per 4 persone:** 300 g di funghi misti • 600 g di patate lesse • 80 ml di latte • olio al tartufo (facoltativo) • aceto di vino bianco • 4 uova • 120 g di taleggio • burro • olio extravergine • sale • pepe

- Pulisci i funghi: elimina con il coltello la punta del gambo, raschia le parti terrose, poi strofina tutto con un panno bagnato. Quindi affettali e saltali in padella con un cucchiaio di olio e una noce di burro per circa 10 minuti, a fuoco medio.
- Condisci con sale e pepe, aggiungi le patate schiacciate, il latte e qualche goccia di olio al tartufo (se ti piace) e fai insaporire a fuoco medio per 1-2 minuti. Spegni il fuoco e tieni al caldo.
- In una casseruola porta a ebollizione dell'acqua salata acidulata con un cucchiaio di aceto. Sguscia un uovo in una tazzina, forma un vortice girando velocemente un cucchiaio nell'acqua, sempre nello stesso senso, quindi fai scivolare l'uovo al centro: l'albume avvolgerà il tuorlo formando la "camicia".
- Lascia bollire a fuoco lento per 4 minuti, poi scola delicatamente l'uovo con una schiumarola e cuoci allo stesso modo le altre 3.
- Sistema il purè ai funghi, ben caldo, su un piatto da portata e forma con un cucchiaio 4 fossette. Adagia in ciascuna un uovo in camicia, completa con fiocchetti di taleggio e servi subito.

> Un uovo di struzzo pesa fino a 1,5 kg, quanto 25 uova di gallina: potete farci tante frittate!

# RICETTE DEI FAN

## Capesante con croccante

•••

Tiziana Matera
Wangen (Svizzera)

**Ingredienti per 4 persone:** Per il croccante: 40 g di gherigli di noce • ½ cucchiaio di zucchero • 1 peperoncino • burro • sale Per la salsa: 200 ml di panna da cucina • 50 ml di brodo di pesce (o vegetale) • ½ bustina di zafferano • sale • pepe Per le capesante: 12 capesante • prezzemolo • burro • sale • pepe Per accompagnare: 200 g di riso bianco (o misto) bollito

- Tritare grossolanamente le noci e arrostirle in padella a fuoco basso per pochi minuti, poi unire lo zucchero e lasciarle caramellare. Aggiungere un cucchiaino di burro, insaporire con il peperoncino finemente tritato e salare. Versare il croccante così ottenuto su un foglio di carta da forno e lasciarlo raffreddare.
- In una casseruola far bollire a fuoco basso la panna con il brodo e lo zafferano per 5 minuti. Salare e pepare.
- Nel frattempo sciogliere una noce di burro in una padella, aggiungere i molluschi, condirli con sale, pepe e un po' di prezzemolo tritato e rosolarli per circa 2 minuti per lato.
- Versare la salsa nel piatto da portata, adagiarvi sopra le capesante e cospargerle con il croccante sbriciolato. Servirle subito, ben calde, accompagnando con il riso bollito.

# Pesce finto di merluzzo

•••

**Ingredienti per 4 persone:** 500 g di filetti di merluzzo • 3 uova sode • 1 cucchiaino di pasta di acciughe • 1 cucchiaio di capperi sotto sale • 50 g di giardiniera sott'aceto • 40 g di olive verdi denocciolate • 150 g di maionese • sale

- Taglia a pezzi i filetti di merluzzo e lessali in acqua salata per 7-8 minuti; quindi scolali, strizzali bene per far uscire tutta l'acqua e trasferiscili in una terrina.
- Aggiungi i tuorli delle uova sode (conserva gli albumi) e la pasta di acciughe e lavora con le mani finché il tutto non risulterà ben spappolato.
- Trita i capperi dissalati (lasciane da parte uno intero), la giardiniera e le olive e aggiungili al composto. Mescola bene e unisci anche 2-3 cucchiai di maionese, quanto basta per ottenere una consistenza non troppo molle.
- Trasferisci il composto su un piatto da portata e, utilizzando il dorso di un cucchiaio o aiutandoti con le mani inumidite, dagli la forma di un pesce.
- Decora a piacere con la maionese rimasta e l'albume sodo tagliato a dadini, infine posiziona il cappero tenuto da parte a mo' di occhio.
- Conserva in frigorifero fino al momento di servire.

> Come capire se le uova che hai in frigorifero sono ancora fresche? Immergile in acqua salata: se vanno a fondo sono buone, altrimenti meglio buttarle!

# Petto di pollo alle verdure
## in crosta di sesamo
• • •

**Ingredienti per 4 persone:** 2 petti di pollo (circa 400 g cad.) • ½ peperone rosso • 1 zucchina • 1 carota • 1 cucchiaio di succo di limone • 8 rametti di timo • 2 cucchiai di pangrattato • 2 cucchiai di grana grattugiato • 3 cucchiai di semi di sesamo • olio extravergine • sale • pepe

- Dividi i petti di pollo a metà ottenendo 4 filetti e, con un coltellino affilato, incidi orizzontalmente ognuno di essi in modo da formare una sorta di tasca interna. Insaporisci l'interno con sale e pepe.
- Taglia a listarelle sottili il peperone, la zucchina e la carota, condisci con olio, sale, pepe, il succo di limone e le foglioline di timo e riempi con questa farcia i petti di pollo, poi chiudi ciascuno infilzandolo con uno stecchino.
- Mescola il pangrattato con il grana e i semi di sesamo, quindi disponi i petti farciti su una placca rivestita di carta da forno e cospargili con la panure così preparata.
- Cuoci in forno preriscaldato a 180 °C per 30 minuti e servi subito.

> Il sesamo è fondamentale in molte culture orientali. Gli Assiri, per esempio, credevano che gli dei, prima di creare la terra, avessero bevuto un vino ricavato da questi piccoli semi.

# Scaloppine con zucchine,
## menta e formaggio

• • •

**Ingredienti per 4 persone:** 4 zucchine piccole e sode • aceto di mele • 1 rametto di menta • 8 scaloppine di vitello (circa 70 g cad.) • 100 g di formaggio fresco spalmabile • latte • burro • olio extravergine • sale • pepe

- Affetta le zucchine a rondelle e cuocile per 2-3 minuti, a fuoco alto, in un'ampia padella con 4 cucchiai di olio. Condiscile con sale e pepe e lasciale riposare in una ciotola con un cucchiaio di aceto e le foglie di menta.
- Nel frattempo copri le scaloppine con un foglio di carta da forno e battile con un batticarne, in modo da assottigliarle.
- Cuoci la carne, con una noce di burro, nella stessa padella delle zucchine e falla rosolare un minuto per parte, a fuoco vivace.
- Abbassa la fiamma e unisci il formaggio fresco diluito con 3 o 4 cucchiai di latte. Lascia insaporire per un minuto, togli dal fuoco e regola di sale.
- Metti le scaloppine nel piatto da portata con la loro cremina, sistemaci sopra le zucchine alla menta e servi subito.

> La menta viene usata in cucina da tempi antichissimi: quasi **5000** anni fa era già diffusa in Cina per la preparazione di tè e infusi.

# "Sigari" di tacchino

• • •

**Ingredienti per 6 persone:** 800 g di salsiccia di tacchino (o di pollo) • 1 spicchio di aglio • 1 rametto di rosmarino • 8 bacche di ginepro • ½ cucchiaino di paprika forte • 1 cucchiaino di semi di finocchio • vino bianco • 150 g di pancetta dolce a fette sottili • olio extravergine

- Taglia la salsiccia in 12 pezzi uguali, togli la pelle e disponili in una pirofila o in un piatto capiente. A parte mescola in una ciotolina 4 cucchiai di olio con l'aglio a lamelle, gli aghi di rosmarino, le bacche di ginepro schiacciate con le dita, la paprika e i semi di finocchio.
- Aggiungi 4 cucchiai di vino, sbatti con una forchetta e distribuisci il composto sulle salsicce nel piatto, girandole per farle insaporire su ogni lato. Lasciale riposare per almeno 30 minuti al fresco.
- Al momento di cuocere, prendi le salsicce ed elimina l'eccesso di condimento con della carta assorbente da cucina; avvolgi completamente ogni pezzo con una fettina di pancetta e infilzalo con uno stecco per spiedini.
- Cuoci i "sigari" per 10-12 minuti sulla bistecchiera o in una padella antiaderente ben calda, unta con pochissimo olio, girandoli per farli cuocere uniformemente.
- Togli gli stecchi e servi i "sigari" caldissimi.

> Gli spagnoli hanno chiamato il tacchino *pavo* perché pensavano fosse un pavone sudamericano; gli inglesi *turkey* credendo che venisse dalla Turchia. In realtà, era già ben noto a Greci e Romani.

# Spiedini di pesce spada
## agli agrumi e alloro

• • •

**Ingredienti per 4 persone:** 2 arance • 1 pompelmo rosa • 600 g di pesce spada • 1 rametto di alloro • 1 limone non trattato • 2 cucchiaini di miele • 2 cucchiai di salsa di soia • olio extravergine • sale • pepe

- Sbuccia le arance e il pompelmo e tagliali a spicchi, eliminando con un coltellino affilato anche la pellicina che li ricopre.
- Taglia a dadi il pesce spada e componi gli spiedini alternando pesce, spicchi di agrumi e foglie di alloro, poi sistemali in una pirofila non metallica.
- In una ciotolina mescola 2 cucchiai di succo di limone e una grattugiata di scorza, il miele, la salsa di soia, 4 cucchiai di olio, pepe e pochissimo sale, se occorre. Versa la salsa sugli spiedini di pesce e lasciali riposare al fresco, coperti, per 15-20 minuti.
- Scalda la bistecchiera e griglia gli spiedini, sgocciolati dalla marinata, per circa 8 minuti, girandoli su tutti i lati. Servili ben caldi.

> In origine gli agrumi erano solo 3: cedro, pomelo e mandarino. Tutti gli altri, compresi arancia e limone, sono degli ibridi derivati da incroci!

# Purè di ceci e puntarelle
## alla romana

• • •

**Ingredienti per 4 persone:** 350 g di puntarelle (o insalata iceberg) • 600 g di ceci lessati • 2 cucchiaini di capperi sotto sale • il succo di ½ limone • aglio in polvere • 2 cucchiaini di pasta di acciughe • aceto di vino bianco • olio extravergine • sale • pepe

- Metti le puntarelle a bagno in acqua fredda e ghiaccio e lasciale riposare per 10 minuti (oppure monda l'insalata e tagliala a striscioline).
- Frulla i ceci con poca acqua calda, i capperi dissalati, il succo di limone, un pizzico di sale e uno di aglio in polvere, fino a ottenere una crema. Aggiungi 2 cucchiai d'olio e una macinata di pepe.
- Sgocciola molto bene le puntarelle, preferibilmente con una centrifuga per insalata, e condiscile con olio, sale e la pasta di acciughe diluita con 2 cucchiai di aceto (se usi l'insalata condiscila allo stesso modo).
- Disponi nel piatto da portata il purè di ceci con accanto le puntarelle (o l'insalata). Servi subito.

> Il grande filosofo latino Cicerone deve il suo nome... ai ceci! Lo ereditò da un suo avo, così soprannominato perché aveva sul naso un grosso neo del tutto simile a questo legume.

# Filetti di spatola croccanti

•••

Anna Pulvirenti
Mascalucia (Ct)

**Ingredienti per 4 persone:** 40 g di pinoli • il succo di ½ limone • 600 g di filetti di spatola (pesce sciabola) • 50 g di pangrattato • 40 g di pistacchi di Bronte • olio extravergine • sale

- Tostare i pinoli in una padella antiaderente e, nel frattempo, preparare un'emulsione con 4 cucchiai di olio, il succo di limone e un pizzico di sale.
- Tagliare i filetti di spatola a tocchetti di circa 10 cm l'uno, poi intingerli nella salsina di olio e limone, bagnandoli bene su tutti i lati.
- Tritare nel mixer i pinoli tostati insieme ai pistacchi, aggiungere il pangrattato e mescolare bene.
- Impanare i filetti di pesce con questo composto e appoggiarli su una teglia rivestita con carta da forno, tenendo il lato con la pelle rivolto verso il basso.
- Cuocere in forno preriscaldato a 180 °C per 15 minuti, poi sfornare e servire subito.

# Vitello al rosmarino,
## aglio e limone

• • •

**Ingredienti per 4 persone:** 2 spicchi di aglio · 3 rametti di rosmarino · 2 limoni non trattati · 800 g di carne di vitello per arrosto · olio extravergine · sale · pepe

- Metti nel vaso del mixer l'aglio, gli aghi di rosmarino, la scorza dei limoni (solo la parte gialla), un cucchiaio di olio e frulla tutto fino a ottenere un composto abbastanza omogeneo.
- Massaggia la carne con sale e pepe, per farli penetrare nelle fibre, poi spalmala con il composto di aglio, rosmarino e limone.
- Trasferisci l'arrosto in una pirofila leggermente unta di olio e cuocilo in forno preriscaldato a 170 °C per 50 minuti.
- Fai riposare la carne per mezz'ora, poi tagliala a fette e servila condita con un filo di olio e qualche goccia di succo di limone.

> Per mantenere l'aglio fresco e sodo più a lungo, conservalo fuori dal frigorifero: il freddo lo rende gommoso e lo fa germogliare prima.

# Stufatino piccante
## di calamari

• • •

**Ingredienti per 4 persone:** 1 cipolla bianca • 1 spicchio di aglio • 1 peperoncino piccante fresco • 700 g di calamari già puliti • 100 g di passata di pomodoro • 2 cucchiai di salsa di soia • 3 chiodi di garofano • 2 cucchiai di succo di limone • Tabasco • olio extravergine • sale

- Soffriggi in un'ampia casseruola, con 3 cucchiai di olio, la cipolla affettata sottile, l'aglio intero schiacciato e il peperoncino tagliato a rondelle.
- Dopo qualche minuto aggiungi i calamari fatti ad anelli e i tentacoli tagliati a metà, la passata di pomodoro, la salsa di soia, i chiodi di garofano, sale e mezzo bicchiere di acqua.
- Porta a ebollizione e fai cuocere per 10 minuti, finché i calamari non risulteranno teneri. Condisci con il succo di limone e una spruzzata di Tabasco, elimina l'aglio e servi lo stufatino ben caldo.

> La saporitissima salsa Tabasco deve il suo nome a uno stato del Sud del Messico, da cui proviene una piccante varietà di peperoncini.

# Polpette
## alla doppia mozzarella

• • •

**Ingredienti per 4 persone:** 100 g di pancarré • 500 g di macinato di manzo • 60 g di grana grattugiato • 2 uova • 1 tuorlo • 1 cucchiaio di concentrato di pomodoro • noce moscata • pangrattato • 250 g di mozzarella • 300 g di sugo di pomodoro al basilico • olio extravergine • sale • pepe

- Frulla il pancarré e impastalo in una ciotola capiente con la carne, il grana, le uova, il tuorlo, il concentrato di pomodoro, una grattugiata di noce moscata, sale e pepe.
- Amalgama bene, aggiungendo poco pangrattato se il composto ti sembra troppo morbido, poi forma delle polpette della dimensione di un'albicocca, inserendo al centro di ognuna un dadino di mozzarella.
- Sistema le polpette su una placca rivestita di carta da forno, spennellale con un po' di olio e cuocile in forno preriscaldato a 200 °C per 30 minuti.
- Trascorso questo tempo, estrai la placca dal forno e accendi il grill. Versa su ogni polpetta una cucchiaiata di sugo di pomodoro, aggiungi una fettina di mozzarella e passa sotto il grill ben caldo per 2-3 minuti, finché non si sarà fusa. Servi subito.

La mozzarella è ricchissima di calcio.
Basti pensare che per prepararne una di dimensioni normali (125 g) serve quasi 1 l di latte!

# Insalata di pollo con uva, semi e senape

...

**Ingredienti per 4 persone:** 600 g di petto di pollo a fettine • 150 g di uva senza semi • 2 cucchiai di senape con grani • 2 cucchiai di aceto di vino bianco • 200 g di misticanza (insalatina mista) • 4 cucchiai di semi misti (zucca, lino, girasole ecc.) • olio extravergine • sale • pepe

- Spennella le fettine di pollo con poco olio e grigliale sulla bistecchiera ben calda per 3-4 minuti. Sala la carne, lasciala raffreddare e poi sfilacciala con le mani.
- Taglia a metà i chicchi di uva e mescola in una ciotolina la senape con l'aceto, 3 cucchiai di olio, sale e pepe.
- Metti in un'insalatiera l'uva, la misticanza, i semi e il pollo, condisci con la salsina alla senape, mescola bene e servi subito.

> Un tempo, a Roma, la misticanza si mangiava nel fine settimana: la portavano i frati di venerdì, casa per casa, quando passavano a chiedere l'elemosina.

# Pescatrice in crema rosa
...

**Ingredienti per 4 persone:** 250 ml di panna fresca · 150 ml di passata di pomodoro · 1 foglia di alloro · 1 pizzico di timo secco · 600 g di rana pescatrice già pulita · farina · 1 ciuffo di prezzemolo · olio extravergine · sale

- Mescola la panna con il pomodoro, aggiungi l'alloro e il timo e porta a bollore. Spegni subito il fuoco e lascia riposare.
- Nel frattempo taglia la rana pescatrice a bocconcini, infarinali e falli rosolare in una padella ben calda con 3 cucchiai di olio per 1-2 minuti, a fuoco alto. Aggiusta di sale.
- Abbassa la fiamma, aggiungi la panna al pomodoro e prosegui la cottura a fuoco lento, con il coperchio, per 10 minuti. Di tanto in tanto muovi un po' la padella in modo che il pesce non si attacchi al fondo e versa la salsa sopra i bocconcini con un cucchiaio (in questo modo non occorrerà girarli).
- Una volta cotto il pesce, elimina l'alloro, condisci con una spolverizzata di prezzemolo tritato e servi ben caldo.

> Chi l'avrebbe mai detto che delle foglioline così piccole fossero tanto preziose? E invece il timo è ricco di ferro, potassio e vitamine: un toccasana per il nostro organismo.

# Pizza all'amatriciana
## con le olive

• • •

**Ingredienti per 1 pizza:** 1 rotolo di pasta per pizza fresca rotonda • 80 g di passata di pomodoro • 4 fette di pancetta sottili (circa 10 g cad.) • 30 g di pecorino grattugiato • 2 cucchiai di olive nere denocciolate • olio extra-vergine • sale • pepe

- Srotola la pasta per pizza, sistemala su una placca da forno con la sua carta e lasciala riposare per 15 minuti (segui le indicazioni sulla confezione).
- Distribuisci sopra la pasta la passata di pomodoro, un filo di olio, un pizzico di sale, la pancetta e metà del pecorino e cuoci in forno preriscaldato a 250 °C per 10-12 minuti.
- Sforna la pizza, condisci con le olive tagliate a rondelle, il pecorino rimasto e un'abbondante macinata di pepe e servi subito.

Ad Amatrice (Rieti) sono talmente fieri della loro più grande specialità, che anche sui cartelli all'ingresso del paese è scritto: "Città degli spaghetti all'amatriciana".

# Gamberi croccanti
## con salsa aromatica

• • •

**Ingredienti per 4 persone:** 2 rametti di menta • 1 rametto di basilico • 1 rametto di prezzemolo • 2 rametti di maggiorana • 2 rametti di timo • 180 g di maionese • 500 g di gamberi • 1 albume • 60 g di pangrattato • 60 g di granella di pistacchi • olio extravergine • sale • pepe

- Trita tutte le erbe aromatiche e mettile in una ciotola con la maionese, una macinata di pepe e un paio di cucchiai di acqua fredda, per rendere più fluido il composto.
- Amalgama bene gli ingredienti e conserva la salsa in frigorifero, coperta, fino al momento di servire.
- Sguscia i gamberi, passali nell'albume sbattuto con un pizzico di sale e poi nel pangrattato miscelato con la granella di pistacchi.
- Sistemali su una placca rivestita di carta da forno, ungili con qualche goccia di olio e cuocili sotto il grill del forno ben caldo per 4-5 minuti, finché non appariranno dorati e croccanti.
- Servili subito, accompagnati dalla salsa aromatica.

> Gli antichi Greci e Romani avevano paura del basilico: pensavano che fosse una pianta del demonio, portatrice di odio e sfortuna.

# Hamburger greco

**Ingredienti per 4 persone:** 500 g di macinato di manzo · 12 olive nere greche denocciolate · origano secco · 2 pomodori maturi e sodi (o 10 pomodorini) · ½ cetriolo · 120 g di yogurt greco · 1 cucchiaino di senape · 1 ciuffo di erba cipollina · olio extravergine · sale

- In una ciotola lavora la carne con le olive tritate, un cucchiaino di origano e sale; dividi il composto in 4 parti e forma gli hamburger modellandoli con le mani.
- Taglia a pezzi i pomodori e il cetriolo e condiscili con olio e sale.
- Mescola lo yogurt con la senape, un pizzico di sale e l'erba cipollina sminuzzata.
- Cuoci gli hamburger in padella con 2 cucchiai di olio, 2 minuti per parte, quindi trasferiscili nei piatti.
- Servili con una cucchiaiata di salsa allo yogurt e accompagnati dall'insalatina di pomodoro.

> Sapevi che, secondo le classificazioni dei botanici, se al supermercato prendi i pomodori stai comprando della frutta, mentre se ti gusti una banana stai mangiando un'erba?

# Girello all'agro

•••

**Ingredienti per 4 persone:** 2 l di brodo di carne • 800 g di girello di vitello • 1 costa di sedano • 1 limone non trattato • 3 carciofini sott'olio • 60 g di giardiniera sott'aceto • zucchero • prezzemolo • olio extravergine • sale • pepe

- Immergi il girello nel brodo caldissimo, fai bollire a fuoco basso per 50 minuti, quindi togli dal fuoco e lascia raffreddare la carne nella pentola.
- Nel frattempo prepara la salsa frullando il sedano con un cucchiaio di succo di limone e una grattugiata di scorza, i carciofini, la giardiniera e mezzo cucchiaino di zucchero. Una volta ottenuto un composto un po' granuloso, aggiungi il prezzemolo tritato, abbondante olio, sale e pepe e frulla per amalgamare.
- Scola la carne dal brodo, affettala sottilmente e coprila con la salsa. Servi a temperatura ambiente.

> Secondo un'antica credenza, quando si è innamorati non bisogna mai tagliare il prezzemolo: così facendo si rischia di "spezzare" anche l'amore.

# RICETTE DEI FAN

## Pollo allo yogurt e curry

•••

Silvia Rosa
Londra (Inghilterra)

**Ingredienti per 4 persone:** 600 g di bocconcini di pollo • farina • il succo di ½ limone • curry • 1 vasetto di yogurt bianco • menta (o aneto) • olio extravergine • sale

- Infarinare con cura i bocconcini di pollo, eliminando la farina in eccesso, quindi soffriggerli in una padella con un filo di olio.
- Irrorare con il succo di limone, farlo evaporare e insaporire il pollo con 2-3 pizzichi di curry, mescolando bene i bocconcini.
- Miscelare lo yogurt con poco olio, sale e qualche fogliolina di menta (o l'aneto tritato), poi versare anche questo composto nella padella. Coprire con un coperchio e cuocere per 7-8 minuti a fiamma medio-bassa, mescolando di tanto in tanto, finché la cremina non diventerà densa.
- Regolare di sale e servire subito.

# Trote in saor
## di zucchine e capperi

• • •

**Ingredienti per 4 persone:** 1 cipolla rossa • 300 g di zucchine • 1 cucchiaio colmo di capperi sotto sale • 150 ml di vino bianco • 50 ml di aceto di vino bianco • 600 g di filetti di trota • farina • 20 g di pinoli • 2 rametti di menta • olio extravergine • sale • pepe

- Prepara il saor: affetta finemente la cipolla e falla soffriggere in un'ampia casseruola a fuoco basso con 3 cucchiai di olio, mescolando spesso. Trascorsi 5 minuti, aggiungi le zucchine tagliate a mezze rondelle e, dopo altri 5 minuti, i capperi dissalati, il vino e l'aceto.
- Fai bollire per 5-6 minuti, quindi togli dal fuoco e aggiusta di sale e pepe.
- Nel frattempo taglia la trota a piccoli tranci, infarinali e friggili in abbondante olio. Scolali su carta assorbente da cucina, salali e trasferiscili in una pirofila.
- Versa il saor caldo sul pesce, aggiungi i pinoli e la menta e lascia raffreddare. Servi a temperatura ambiente.

> Il *saor* è un condimento agrodolce che fu ideato dai marinai veneti per poter conservare il pesce fritto durante i lunghi viaggi. Perciò, per apprezzarne il sapore autentico, questo piatto ancora oggi viene mangiato almeno un giorno dopo averlo preparato.

# Cocottine di uova e peperonata

•••

**Ingredienti per 4 persone:** 1 cipollotto • ½ peperone rosso • ½ peperone giallo • 2 pomodori maturi • 1 fetta spessa di prosciutto crudo • 4 uova grandi • paprika forte • pane fresco • olio extravergine • sale • pepe

- Scalda 3 cucchiai di olio in una padella, aggiungi il cipollotto affettato finemente e, dopo un minuto, i peperoni tagliati a striscioline; cuoci per 5 minuti a fuoco medio, con il coperchio.
- Trascorso questo tempo, unisci i pomodori privati dei semi e tagliati a dadini e prosegui la cottura per 6-7 minuti senza coperchio, finché il liquido non sarà evaporato.
- Togli dal fuoco, sala, pepa e aggiungi il prosciutto a striscioline.
- Suddividi il composto in 4 cocottine da forno unte con poco olio, sguscia delicatamente un uovo in ciascuna di esse, senza romperlo, e condiscilo con un pizzico di sale e uno di paprika.
- Chiudi le cocottine con il loro coperchio (oppure copri con un foglio di alluminio) e cuoci in forno preriscaldato a 200 °C per 7 minuti.
- Servi subito la peperonata, ben calda, accompagnata dal pane tagliato a fette.

> Per te persino la paprika è troppo piccante? Allora non provare mai il Trinidad Moruga Scorpion: il peperoncino più piccante del mondo, 300 volte più forte di quelli che di solito si usano per cucinare!

# Spezzatino con patate, olive e capperi

•••

**Ingredienti per 6 persone:** 1 cipolla bianca grande • aglio in polvere • 1 kg di spezzatino di manzo • 700 g di polpa di pomodoro in barattolo • 800 g di patatine novelle • 40 g di capperi sotto sale • 50 g di olive nere denocciolate • 2 rametti di timo • 2 rametti di maggiorana • olio extravergine • sale • pepe

- Trita la cipolla e soffriggila in padella con 4 cucchiai di olio insieme a un pizzico di aglio in polvere.
- Quando sarà dorata, aggiungi lo spezzatino e fallo rosolare a fiamma vivace per un paio di minuti; poi unisci la polpa di pomodoro e le patatine intere e con la buccia, sala e copri a filo con acqua calda. Cuoci a fuoco basso, con il coperchio, per un'ora circa.
- Quando la carne risulterà tenera e le patate cotte, prepara un trito con i capperi dissalati, le olive, le foglioline di timo e maggiorana e una macinata di pepe, poi incorporalo allo spezzatino e fai insaporire ancora per 5 minuti.
- Aggiusta di sale e servi subito.

> Non riesci a eliminare dai tessuti le macchie di sugo di pomodoro? Tamponale con un po' di aceto di vino bianco prima del lavaggio e sarà più facile farle sparire!

# Cartoccio di pesce
## al pepe verde
•••

**Ingredienti per 4 persone:** 600 g di filetti di pesce bianco (branzino, orata, halibut, cernia ecc.) • 12 gamberi • 2 cucchiaini di pepe verde in salamoia • 1 mazzetto di erba cipollina • 100 ml di panna fresca • olio extravergine • sale

- Prepara 4 fogli di alluminio e coprili con altrettanti fogli di carta da forno. Taglia i filetti di pesce in 2 o 3 pezzi, condiscili con olio e sale e suddividili sui fogli insieme ai gamberi sgusciati.
- Cospargi con i grani di pepe verde sgocciolati e leggermente schiacciati, l'erba cipollina tagliuzzata e un po' di panna.
- Copri con un altro foglio di carta da forno e sigilla ogni cartoccio arrotolando i 3 fogli, tutti insieme, lungo i margini.
- Trasferisci i cartocci su una teglia e cuoci in forno preriscaldato a 190 °C per 10-12 minuti.
- Servili in tavola ancora chiusi, nei singoli piatti, in modo che ogni commensale possa aprire il suo cartoccio.

Sapevi che pepe nero, bianco e verde vengono tutti dallo stesso frutto, lavorato diversamente?
Il nero è il più piccante, il bianco il più delicato, il verde il più morbido e aromatico. Quello rosa invece non è veramente un pepe, ma viene chiamato così perché gli assomiglia nella forma e nel sapore.

## RICETTE DEI FAN

# Merluzzo con polenta

### Virginia Monfredini - Milano

**Ingredienti per 4 persone:** Per il merluzzo: 15 pomodori Pachino • 4 filetti di merluzzo fresco • 20 olive taggiasche denocciolate • 1 cucchiaio di capperi sotto sale • 2 foglie di basilico • olio extravergine • sale grosso Per la polenta: 400 g di farina per polenta a cottura rapida • olio extravergine • sale grosso

- Tagliare i pomodorini a dadini e cuocerli in una padella antiaderente con 3 cucchiai di olio già caldo e un pizzico di sale grosso per 10-15 minuti.
- Trascorso questo tempo, unire i filetti di merluzzo, le olive taggiasche, i capperi dissalati e il basilico. Coprire con un coperchio e continuare la cottura a fuoco basso per circa 25 minuti. Se il sugo dovesse restringersi troppo, aggiungere un mestolino di acqua.
- Intanto preparare la polenta: versare in una pentola 1,6 l di acqua con un cucchiaio di olio e un pizzico di sale e, quando l'acqua bolle, aggiungere la farina a pioggia mescolando energicamente finché non sarà pronta (occorreranno circa 5 minuti: seguire le indicazioni sulla confezione).
- Servire subito il merluzzo con il sugo su un letto di polenta.

# Involtini allo zenzero

• • •

**Ingredienti per 4 persone:** 1 carota • 8 fettine di lonza di maiale (circa 70 g cad.) • 6 cm di zenzero fresco • ½ cipolla rossa • farina • 2 cucchiai di salsa di soia • cannella in polvere • olio extravergine • sale

- Taglia la carota a fiammifero e tienila da parte.
- Stendi le fettine di carne sul piano di lavoro, coprile con un foglio di carta da forno e battile con un batticarne per assottigliarle. Togli la carta e cospargile con un pizzico di sale e un'abbondante grattugiata di zenzero, precedentemente sbucciato. Farcisci ogni fettina con alcuni fiammiferi di carota e arrotola per formare gli involtini, fermandoli con uno stecchino.
- Scalda 3 cucchiai d'olio in una casseruola, aggiungi lo zenzero rimasto, a pezzetti, e la cipolla affettata sottile. Unisci gli involtini leggermente infarinati e lasciali rosolare, quindi sfuma con la salsa di soia e mezzo bicchiere d'acqua. Metti il coperchio e cuoci a fuoco basso per 15-20 minuti.
- A cottura ultimata, profuma aggiungendo un pizzico di cannella, mescola e servi subito gli involtini con il loro sughetto.

> Per combattere il raffreddore, niente di meglio di un infuso allo zenzero: è un rimedio tradizionale usato dalle nonne di tutto il mondo, dall'Europa all'Asia all'Africa!

# Contorni

# Carpaccio di barbabietole
## con rucola e pinoli
•••

**Ingredienti per 6 persone:** 75 g di pinoli • 2 cucchiai di aceto di vino rosso • 2 cucchiaini di senape forte • 4 barbabietole rosse precotte • 70 g di rucola • olio extravergine • sale • pepe

- Tosta i pinoli in una padellina a fuoco medio, per qualche minuto, muovendoli spesso per non farli bruciare, quindi lasciali raffreddare.
- In una ciotolina sbatti con una forchetta 4 cucchiai di olio con l'aceto, la senape, sale e pepe.
- Taglia sottilmente le barbabietole con la mandolina (oppure con un coltello ben affilato) e disponi le fette su un ampio piatto da portata.
- Copri le barbabietole con le foglie di rucola, irrora con la salsina preparata e completa con i pinoli tostati. Servi subito.

> Durante le guerre napoleoniche, con il blocco dell'importazione di zucchero di canna, Napoleone e i suoi dovettero ingegnarsi: fu allora che prese piede la coltivazione della barbabietola da zucchero, come alternativa vincente per estrarre il dolcificante.

# Zucca alla panna
## con briciole croccanti e caprino

• • •

**Ingredienti per 6 persone:** 1 kg di polpa di zucca • 1 rametto di salvia • 200 ml di panna fresca • 100 g di pane integrale • 40 g di grana grattugiato • 40 g di burro • 120 g di formaggio caprino • olio extravergine • sale • pepe

- Taglia la zucca a cubetti di circa 1,5 cm di lato e cuocila in padella a fuoco medio per 10-12 minuti, con 2 cucchiai di olio, sale, pepe, le foglie di salvia spezzettate e 3-4 cucchiai di acqua, coprendo con un coperchio.
- Non appena la zucca diventa tenera, toglila dal fuoco, distribuiscila in 6 tegamini da forno e versa in ognuno di essi un po' di panna.
- Frulla nel mixer il pane con il grana e il burro fuso fino a ottenere un composto bricioloso, cospargilo sulla zucca e completa con un po' di caprino a pezzetti.
- Passa in forno a 220 °C per 10 minuti, con il grill acceso durante gli ultimi 3-4 minuti, in modo che si formi una crosticina dorata.
- Servi la zucca ancora ben calda nei tegamini.

> Secondo la tradizione, la salvia purifica la pelle, lucida i capelli, sbianca i denti, protegge dalle malattie... Non a caso il nome deriva dal latino *salvus*, cioè "sano"!

# Cavolo nero con cipolle
## al rosmarino

• • •

**Ingredienti per 4 persone:** 2 cipolle rosse • 1 rametto di rosmarino • 400 g di cavolo nero • olio extravergine • sale • pepe

- Scalda in una padella 4 cucchiai di olio, aggiungi le cipolle affettate e falle cuocere a fuoco medio per 6-7 minuti, mescolando spesso, finché non saranno dorate.
- Condisci con sale, pepe e rosmarino tritato e aggiungi il cavolo tagliato a pezzetti. Metti il coperchio e continua a cuocere per 12-13 minuti a fiamma bassa, girando ogni tanto.
- Quando il cavolo risulterà tenero, servi subito.

> Il cavolo nero ha pochissime calorie, previene diverse forme tumorali, è ricco di vitamina A e C e contiene potassio e acido folico: un vero toccasana. Aggiungilo nelle zuppe, mangialo da solo cotto o usalo crudo per arricchire le insalate!

## RICETTE DEI FAN

# Insalata con mela verde, noci e grana

•••

Marianna Tedesco
Gravina in Puglia (Ba)

**Ingredienti per 4 persone:** 1 cespo di lattuga iceberg • 2 mele verdi • 20 gherigli di noce • 100 g di scaglie di grana • aceto balsamico • olio extravergine • sale

- Lavare bene la lattuga, asciugarla delicatamente con della carta assorbente da cucina e tagliarla a striscioline.
- Lavare le mele, eliminare i torsoli e tagliarle a cubetti senza sbucciarle.
- Versarle in un recipiente da insalata, unire la lattuga, i gherigli di noce e le scaglie di grana e mescolare gli ingredienti con un cucchiaio di legno.
- Condire con un pizzico di sale, olio e aceto balsamico a piacere.
- Mescolare nuovamente e servire subito l'insalata.

# Asparagi arrosto
## con salsa gribiche

...

**Ingredienti per 6 persone:** 80 g di maionese • 50 g di yogurt greco • 1 cucchiaino di capperi sotto sale • 1 ciuffo di prezzemolo • 3 uova sode • aceto di vino bianco • 24 asparagi • olio extravergine • sale • pepe

- Mescola la maionese con lo yogurt, unisci i capperi sciacquati e tritati, il prezzemolo sminuzzato finemente e amalgama il tutto con una forchetta.
- Con la mezzaluna taglia grossolanamente le uova sode e incorporale alla salsa insieme a una spruzzata di aceto, sale e pepe. Conserva la salsa in frigorifero fino a poco prima di servire.
- Dopo aver eliminato la parte legnosa dei gambi, cuoci gli asparagi interi a fuoco vivace con 3 cucchiai di olio in una padella con il coperchio, muovendoli ogni tanto. Devono diventare teneri ma sodi: ci vorranno 5-6 minuti.
- Una volta pronti, condiscili con sale e pepe e trasferiscili in un piatto da portata.
- Appena gli asparagi saranno tiepidi cospargili con la salsa gribiche, lasciando scoperte le punte, e servi.

> L'aceto è il rimedio casalingo per eccellenza:
> le nonne lo usavano per pulire la casa,
> far brillare le posate e curare ferite e scottature.

# Insalata di spinacini e kiwi

•••

**Ingredienti per 4 persone:** 3 kiwi maturi e sodi • 3 cucchiai di succo di limone • ½ cucchiaino di zucchero • 300 g di spinacini novelli • 60 g di crostini di pane • olio extravergine • sale • pepe

- Sbuccia i kiwi, affettali e poi taglia ogni fetta a metà.
- Metti in una ciotola 5 cucchiai di olio, il succo di limone, lo zucchero, una presa di sale e una macinata di pepe e sbatti bene il tutto con una forchetta.
- In una insalatiera mescola gli spinacini con i kiwi, condisci con la salsa di olio e limone e completa con i crostini di pane. Servi subito.

Sono stati i neozelandesi a dare il nome "kiwi" ai frutti che tutti conosciamo: perché assomigliano a degli uccelli tondi e marroni, molto diffusi nelle loro terre, che si chiamano così!

# Purè con verza, porri e mascarpone

• • •

**Ingredienti per 6 persone:** 500 g di patate • 150 g di foglie di verza • 1 porro • 60 g di mascarpone • burro • sale • pepe

- Sbuccia le patate, tagliale a pezzi e cuocile in acqua salata per circa 10 minuti a partire dall'ebollizione.
- A parte, lessa allo stesso modo la verza, privata della parte più dura delle coste, e il porro tagliato a pezzi, per 5 minuti; scolali e frullali nel mixer.
- Scola anche le patate e passale subito nello schiacciapatate, facendo cadere il purè in un'ampia terrina.
- Unisci al purè 2 cucchiai di burro ammorbidito a temperatura ambiente, il composto di porri e verza, il mascarpone e mescola energicamente per ottenere una crema soffice.
- Aggiusta di sale e pepe e servi ben caldo.

> Secondo una leggenda, il nome "mascarpone" deriverebbe dallo spagnolo *mas que bueno*, cioè "più che buono": esclamazione che fece un dignitario spagnolo dopo averlo assaggiato!

# Cetrioli marinati
## al peperone

• • •

**Ingredienti per 6 persone:** 400 g di cetrioli • ½ peperone rosso non troppo grande • 4 cipollotti • 2 cucchiai di zucchero di canna • 120 ml di aceto di mele • 2 cucchiaini di senape con grani • sale • pepe in grani

- Lava i cetrioli e, senza sbucciarli, affettali a rondelle sottili con la mandolina. Taglia il peperone a listarelle sottili, aggiungilo ai cetrioli, trasferisci tutto in una terrina e condisci con un cucchiaino colmo di sale, mescolando bene.
- Lascia riposare per un'ora e poi, senza eliminare il liquido che si sarà formato, aggiungi i cipollotti affettati a velo, lo zucchero, l'aceto, 7-8 grani di pepe e la senape. Mescola bene il tutto e fai riposare in frigorifero per almeno un'ora prima di servire.
- Questa preparazione si conserva per 3 giorni in frigorifero, in un contenitore a chiusura ermetica. Si accompagna bene alle carni grigliate ma è ottima anche aggiunta a un'insalata mista.

> I cetrioli sono estivi e rinfrescanti,
> ma restano sempre un po' sullo stomaco.
> Per evitarlo ci sono 2 trucchi: mangiarli
> con la buccia oppure tagliarli a fettine,
> tenerli un'ora sotto sale e poi sciacquarli bene.

# Parmigiana di radicchio

...

**Ingredienti per 4 persone:** 4 piccoli cespi di radicchio di Treviso • 80 g di mozzarella • 60 g di grana grattugiato • olio extravergine • sale

- Scalda 3 cucchiai di olio in un tegame che possa andare anche in forno e sistemaci il radicchio, tagliato a metà per il lungo, con la parte piatta rivolta verso il basso. Metti il coperchio e fai cuocere a fuoco medio per 5 minuti, finché sollevando i radicchi non li vedrai leggermente dorati.
- Salali, girali con il taglio verso l'alto e cospargili con la mozzarella tritata e il grana.
- Termina la cottura in forno preriscaldato a 180 °C per circa 15 minuti, in modo che il formaggio si sciolga e formi una leggera crosticina (se necessario accendi il grill negli ultimi minuti di cottura).
- Servi la parmigiana ben calda.

> Secondo alcuni, il termine "parmigiana" si riferisce a una pietanza preparata alla maniera degli abitanti di Parma; mentre per altri deriva dall'ingrediente fondamentale di questo piatto, tipico anche di Sicilia e Campania, cioè il parmigiano.
> Ma c'è anche un'altra teoria: il nome si riferisce alla disposizione degli ingredienti, sovrapposti come l'insieme dei listelli di legno che formano le persiane, detto appunto "parmiciana".

# Carote e cavolfiori
## all'arancia e peperoncino
...

**Ingredienti per 4 persone:** 4 carote • 700 g di cimette di cavolfiore • 2 arance non trattate • peperoncino a scaglie • olio extravergine • sale

- Taglia le carote a rondelle spesse circa 3-4 mm e cuocile a vapore, insieme al cavolfiore, per 7-8 minuti: dovranno risultare tenere ma sode.
- In un pentolino porta a bollore il succo delle arance con la scorza grattugiata di mezza, 5 cucchiai di olio e un pizzico di peperoncino. Fai bollire per 3 minuti, sala e togli dal fuoco.
- Disponi le verdure ancora calde su un piatto da portata, condiscile con la salsa preparata, ben mescolata con una forchetta, e completa a piacere con altre scaglie di peperoncino.

> Cavoli e broccoli sono buoni e fanno bene ma, quando cuociono, puzzano un po'. Per evitare il cattivo odore, imbevi di aceto un pezzo di pane vecchio o uno straccio e incastralo tra il coperchio e la pentola in cui li stai facendo bollire.

# Insalata ricca
## con salsa piccante

• • •

**Ingredienti per 4 persone:** 1 mazzetto di prezzemolo • 2 cucchiai di aceto di vino rosso • 1,5 cucchiaini di peperoncino a scaglie (o 1 peperoncino fresco) • origano secco • 150 g di insalatina mista (lattughino, lollo, valeriana ecc.) • 150 g di pomodorini • 80 g di tonno sott'olio sgocciolato • ½ avocado maturo • olio extravergine • sale • pepe

- Prepara la salsa: trita nel mixer il prezzemolo con l'aceto, il peperoncino, un cucchiaino di origano e mezzo cucchiaino di pepe macinato, aggiungi a filo mezzo bicchiere di olio e continua a frullare fino a ottenere una cremina non troppo fine. Sala leggermente e tieni da parte.
- In un'ampia ciotola mescola l'insalatina con i pomodorini tagliati a metà, il tonno sbriciolato e l'avocado sbucciato e tagliato a cubetti. Condisci con 2-3 cucchiai di salsa piccante e mescola delicatamente.
- Porta subito in tavola l'insalata accompagnata da una ciotolina con il resto della salsa, in modo che ognuno possa servirsene secondo il proprio gusto. Se la salsa avanza, puoi conservarla in frigorifero, ben coperta di olio, per 2 giorni.

> Sant'Andrea apostolo è il patrono dei pescatori e dei marinai, celebrato il 30 novembre. A Viterbo, dove gli è stata dedicata una chiesa, c'è l'usanza unica di festeggiarlo scambiandosi pesci di cioccolato.

# Fagiolini in salsa
## di olive e capperi

• • •

**Ingredienti per 4 persone:** 30 g di olive nere denocciolate · 1 cucchiaio di capperi sotto sale · 1 spicchio di aglio · 2 rametti di timo · 500 g di fagiolini · olio extravergine · sale

- Trita con la mezzaluna le olive e i capperi dissalati, mettili in una ciotola con 4 cucchiai di olio, lo spicchio di aglio intero schiacciato e le foglioline di timo. Mescola bene e lascia riposare.
- Nel frattempo lessa i fagiolini per 6-7 minuti in acqua salata, scolali e disponili in un ampio piatto da portata.
- Elimina l'aglio dal condimento di olive e capperi, versalo sui fagiolini e servi subito.

> I fagiolini, anche chiamati cornetti, non sono altro che i baccelli giovani del fagiolo: poiché vengono raccolti quando il legume all'interno non è ancora maturo, sono poveri di proteine e per questo sono considerati degli ortaggi.

# Patate croccanti
## al formaggio

• • •

**Ingredienti per 4 persone:** 4 patate grandi • 20 g di pangrattato • 40 g di grana grattugiato • burro • sale alle erbe (o sale e trito di erbe aromatiche secche)

- Immergi le patate intere, con la buccia, in acqua salata fredda e poi lessale per circa 45 minuti dall'inizio del bollore. Scolale e lasciale intiepidire.
- Tagliale a metà per il lungo, senza sbucciarle, e con un coltello appuntito pratica una serie di tagli incrociati, formando un reticolo di quadretti di circa 1,5 cm per lato. Arriva con la lama fin quasi alla buccia della patata, facendo attenzione a lasciarla intatta.
- Sistema le mezze patate su una placca ricoperta di carta da forno, aprendo delicatamente i tagli con le dita, condisci con fiocchetti di burro e sale alle erbe e cospargi con il pangrattato mescolato con il grana.
- Passa le patate sotto il grill del forno, già ben caldo, per 10-15 minuti, fino a ottenere una crosticina croccante. Servi subito.

> Nel XII secolo, i monaci dell'abbazia di Chiaravalle avevano a disposizione molto più latte del necessario. Per non sprecarlo iniziarono a lavorarlo, ottenendo così le prime forme di grana.

# RICETTE DEI FAN

# Insalata sciopska

∙∙∙

Sania Spasova
Sofia (Bulgaria)

**Ingredienti per 5 persone:** 3 peperoni rossi arrostiti • 3 cetrioli • 3 pomodori • 1 cipolla • 200 g di feta (o altro formaggio simile) • 5 olive nere • 5 cucchiai di aceto di mele • 5 cucchiai di olio extravergine • sale

- Sbucciare i peperoni e i cetrioli e tagliarli a dadini insieme ai pomodori e alla cipolla.
- Mettere le verdure in una ciotola e condirle con l'aceto, l'olio e il sale, mescolando con cura.
- Distribuire l'insalata in 5 piatti e cospargere con una manciata di formaggio, grattugiato usando una grattugia a fori grandi.
- Decorare ogni porzione con un'oliva e servire.

# Barba di frate al bacon
## e aceto balsamico

• • •

**Ingredienti per 4 persone:** 1 scalogno • 150 g di bacon a dadini • 4 cucchiai di aceto balsamico • 3 cucchiai di succo di limone • 450 g di barba di frate (agretti) • olio extravergine • sale • pepe

- Scalda 4 cucchiai di olio in una piccola padella, aggiungi lo scalogno tritato e il bacon e falli dorare a fuoco basso per 4-5 minuti.
- Sfuma con l'aceto balsamico e il succo di limone, togli subito dal fuoco e condisci con sale e pepe. Tieni da parte coperto.
- Lessa la barba di frate in acqua salata per 5 minuti, scolala e sistemala in un piatto da portata.
- Irrora la verdura con il condimento preparato e servi subito.

> Paese che vai, nome che trovi: a seconda delle zone d'Italia, gli agretti, o barba di frate, vengono chiamati *barba del Negus*, *lischi*, *riscoli* e *bacicci*.

# Sformatini di broccoli

...

**Ingredienti per 6 persone:** 800 g di cimette di broccoli · 150 ml di panna fresca · 2 uova · 3 carote · burro · sale · pepe

- Lessa i broccoli in acqua salata, scolali e lasciali intiepidire; frullali con la panna, le uova, sale e pepe.
- Taglia le carote a rondelle e lessale in acqua salata per 5-6 minuti, finché non saranno tenere.
- Imburra 6 stampini da crème caramel in alluminio, sistema sul fondo e sulle pareti alcune rondelle di carota e versa il composto di broccoli riempiendoli per tre quarti.
- Cuoci gli sformatini in forno preriscaldato a 180 °C per 30 minuti; lasciali intiepidire 10 minuti, quindi sformali direttamente nei piatti e servi subito.

> Il sale, in casa, è perfetto per mille usi diversi: se lo aggiungi alla lavatrice durante il lavaggio, per esempio, i tuoi vestiti verranno più bianchi e morbidi!

# Tiella estiva al curry

•••

**Ingredienti per 6 persone:** 500 g di patate • 350 g di peperoni gialli e rossi • 300 g di zucchine • 1 melanzana piccola di circa 200 g • 4 cucchiai di farina • 4 cucchiai di curry • olio extravergine • sale

- Taglia le patate a fette abbastanza sottili (4-5 mm), i peperoni a listarelle, le zucchine a rondelle, la melanzana a dadini.
- Metti la farina, il curry e una presa di sale in un contenitore ermetico o in un sacchetto da freezer, aggiungi le verdure e scuoti ripetutamente in modo da ricoprirle per bene.
- Ungi abbondantemente con l'olio una teglia rotonda del diametro di circa 30 cm, disponi sul fondo le patate sovrapponendole leggermente e sistema sopra le altre verdure alternando i colori in modo armonioso: per esempio puoi formare un cerchio per ogni colore, oppure creare una "torta" con spicchi di colori diversi.
- Irrora tutto con un filo di olio, spolverizza con un po' di sale e metti in forno preriscaldato a 200 °C, coprendo la teglia con un foglio di alluminio: fai cuocere per circa 30 minuti, poi elimina l'alluminio e prosegui la cottura per altri 10 minuti. Prima di sfornare infilza le verdure con una forchetta per verificare che siano cotte.
- Servi la tiella tiepida o a temperatura ambiente.

*Si fa presto a dire curry: essendo un mix di spezie, ne esistono infinite versioni!*
*In India le ricette per prepararlo variano persino di famiglia in famiglia.*

# Insalata di zucchine
## marinate e ricotta salata
...

**Ingredienti per 4 persone:** 300 g di zucchine piccole e sode • il succo di ½ limone • 1 ciuffo di erba cipollina • 1 rametto di basilico • 12 fiori di zucca freschissimi • 80 g di ricotta salata • olio extravergine • sale • pepe

- Taglia le zucchine a julienne, mettile in una ciotola capiente e condiscile con olio, sale, pepe, succo di limone, erba cipollina e basilico tritati. Mescola bene e lascia riposare al fresco per mezz'ora.
- Intanto stacca i petali dei fiori di zucca, scartando il gambo e il pistillo, e sfilacciali con le mani, fino a ottenere delle striscioline.
- Poco prima di servire, unisci alle zucchine marinate i fiori così preparati e la ricotta salata grattugiata.
- Aggiungi un filo di olio, amalgama delicatamente e servi subito l'insalata.

> Sai perché si dice "tagliare a julienne"? Perché il primo a preparare queste listarelle di verdure corte e sottili è stato un cuoco francese di nome Jean Julien, che le usava per il suo rinomato consommé.

# Tartare di cavolfiore

...

**Ingredienti per 6 persone:** 500 g di cimette di cavolfiore • 2 cucchiai di succo di limone • 1 cucchiaino di senape • 1 ciuffo di erba cipollina • origano secco • 1 pomodoro maturo e sodo • 1 cetriolino sott'aceto • 10 capperi sotto sale • olio extravergine • sale • pepe

- Cuoci il cavolfiore a vapore per 6-7 minuti, in modo che resti al dente, e lascialo intiepidire.
- Mescola il succo di limone con la senape, l'erba cipollina tagliuzzata, un pizzico di origano, 5 cucchiai di olio, sale e pepe.
- Taglia il cavolfiore a dadini di 7-8 mm, mettilo in una terrina e aggiungi il pomodoro privato dei semi e il cetriolino tagliato a piccoli cubetti; condisci con la salsa preparata e mescola.
- Al momento di servire, forma le tartare direttamente sui piatti: ungi leggermente l'interno di un anello metallico o di un coppapasta di 7-8 cm di diametro, poggialo sul piatto e riempilo con il composto di cavolfiore, pressando leggermente. Solleva l'anello con attenzione per mantenere la forma del tortino e procedi allo stesso modo sugli altri piatti.
- Completa le tartare con qualche goccia di olio e i capperi dissalati, asciugati e tritati grossolanamente.

> Oggi la tartare è un piatto nobile e raffinato, ma un tempo lo era molto meno: infatti le popolazioni tartare, per ammorbidire la carne cruda, la tenevano tutto il giorno sotto le selle dei loro cavalli!

## RICETTE DEI FAN

# Peperonata alla siciliana

• • •

Teresa Licata
Liegi (Belgio)

**Ingredienti per 6 persone:** 1 melanzana nera • 3 peperoni (1 rosso, 1 verde e 1 giallo) • 3 zucchine • 1 cipolla grande • 3 patate medie • 300 g di pomodori pelati • pane casereccio • olio extravergine • sale • pepe

- Sbucciare le patate, mondare gli ortaggi e tagliare tutto a pezzi grossi.
- Scaldare in una grande padella 8 cucchiai di olio, poi aggiungere le verdure preparate e i pelati.
- Condire con sale e pepe e cuocere a fuoco moderato per 30-35 minuti; intanto tagliare il pane a fette spesse.
- Distribuire nei piatti la peperonata ancora ben calda e servirla accompagnata da 2 fette di pane e un bicchiere di buon vino rosso.

# Dolci

# Torta di ricotta,
## crema gianduia e lamponi
•••

**Ingredienti per 8 persone:** 500 g di ricotta fresca ben sgocciolata • 240 g di zucchero extrafine • 2 cucchiai di farina • 3 uova • 300 g di crema gianduia • 250 g di lamponi freschi • sale

- Lavora in una ciotola la ricotta con lo zucchero, aiutandoti con un cucchiaio di legno, fino a ottenere un composto omogeneo, quindi aggiungi la farina setacciata e le uova e amalgama gli ingredienti con una frusta a mano.
- Quando il composto è ben omogeneo, versalo in una tortiera a cerniera del diametro di 24 cm, rivestita con carta da forno, e cuoci a 170 °C per 40 minuti: il dolce è pronto quando, premendo delicatamente sulla superficie, lo sentirai sodo.
- Una volta cotta, lascia raffreddare completamente la torta, poi sformala su un piatto da portata.
- Spalma sulla superficie la crema gianduia, copri con i lamponi interi distribuiti ordinatamente e servi.

> Gianduja è una maschera tipica del Piemonte, il "cugino" di Pulcinella, Arlecchino e gli altri. Dal suo nome deriva quello della crema spalmabile alle nocciole e dei deliziosi cioccolatini torinesi: i gianduiotti, appunto.

# Biscottini morbidi
## agli agrumi

• • •

**Ingredienti per 8 persone:** 250 g di farina • 1,5 cucchiaini di lievito per dolci • 2 limoni non trattati • 2 arance non trattate • 200 g di zucchero • 110 g di burro • 2 uova • 70 g di zucchero a velo • sale

- In una ciotola setaccia la farina insieme al lievito, aggiungi un pizzico di sale e la scorza grattugiata degli agrumi e miscela bene.
- A parte, in un'altra ciotola molto capiente, monta con le fruste elettriche lo zucchero con il burro ammorbidito a temperatura ambiente, finché il composto non apparirà soffice: occorreranno 2-3 minuti.
- Incorpora le uova, uno alla volta, poi aggiungi la farina con gli agrumi e, utilizzando una spatola, amalgama il tutto senza lavorarlo troppo a lungo.
- Aiutandoti con un cucchiaio, forma con l'impasto delle palline della dimensione di una noce e rotolale nello zucchero a velo, precedentemente setacciato, fino a ricoprirle del tutto.
- Disponi le palline su una placca rivestita di carta da forno, di-

> Un piccolo trucco per fare in casa lo zucchero
> a velo proprio come quello che si compra: aggiungi
> un pizzico di amido di mais e di vanillina
> allo zucchero semolato e poi frullalo.

stanziandole bene, e cuoci in forno preriscaldato a 180 °C per 14-15 minuti: i biscottini non devono essere scuri ma screpolati in superficie.
- Lasciali raffreddare su una gratella prima di consumarli e, nel caso avanzassero, mettili in una scatola di latta a chiusura ermetica: si conserveranno per 4-5 giorni.

# Plumcake alle mandorle
## e prugne
• • •

**Ingredienti per 8 persone:** 150 g di mandorle sgusciate • 130 g di zucchero • 140 g di farina • 2 uova • 2 cucchiai di olio di semi • 1 cucchiaino colmo di lievito per dolci • estratto di vaniglia • 50 g di burro • 80 ml di latte • 150 g di prugne secche denocciolate • sale

- Polverizza finemente nel mixer le mandorle insieme allo zucchero, poi aggiungi la farina e frulla ancora brevemente.
- Inserisci nel mixer anche le uova, l'olio, il lievito setacciato, un pizzico di sale, qualche goccia di estratto di vaniglia (segui il dosaggio indicato sulla confezione), il burro ammorbidito a temperatura ambiente e il latte e frulla finché il composto non sarà liscio.
- Versalo in uno stampo rettangolare da plumcake delle dimensioni di circa 26x10 cm, rivestito di carta da forno, aggiungi le prugne secche tagliate a pezzetti e mescola.
- Cuoci in forno preriscaldato a 180 °C per 50 minuti, verificando la cottura con uno stecchino: infilzandolo nel dolce dovrà uscirne pulito.
- Lascia riposare il plumcake per 10 minuti, quindi sformalo e mettilo a raffreddare su una gratella prima di servire.

> 3 prugne secche al giorno… levano il medico di torno! Secondo gli esperti, infatti, fanno benissimo per la digestione e le ossa e tengono lontano il diabete.

## 😊 RICETTE DEI FAN

# Dolcetti al cioccolato

•••

*Andrea Sprovieri  
Cosenza*

**Ingredienti per 6 persone:** 180 g di cioccolato fondente • 50 g di burro • 2 uova • 150 g di zucchero • 180 g di farina • 1 cucchiaino di lievito per dolci • zucchero a velo

- Spezzettare il cioccolato e scioglierlo a bagnomaria insieme al burro, quindi lasciarlo intiepidire.
- A parte montare le uova con lo zucchero e, quando il composto diventa chiaro e spumoso, aggiungere il cioccolato fuso tiepido.
- Unire la farina setacciata con il lievito e mescolare bene con una spatola, dal basso verso l'alto, per ottenere un composto morbido e omogeneo. Fare riposare in frigorifero per almeno un'ora, finché non si sarà indurito.
- Trascorso questo tempo estrarre il composto e, con le mani, formare delle palline grosse come una noce. Passarle nello zucchero a velo, disporle su una teglia rivestita di carta da forno e cuocerle in forno preriscaldato a 180 °C per 10 minuti circa.
- Lasciare intiepidire i dolcetti per qualche minuto, prima di servirli.

# Coppa al formaggio fresco,
## vaniglia e mosto cotto

• • •

**Ingredienti per 4 persone:** 80 ml di panna fresca • 150 g di formaggio fresco spalmabile • 100 g di mascarpone • 90 g di zucchero extrafine (o a velo) • 1 baccello di vaniglia • 50 g di gherigli di noce • 60 g di mosto cotto

- Monta la panna con le fruste elettriche e tienila da parte.
- Senza lavarle, con le stesse fruste sbatti per qualche minuto in un contenitore capiente il formaggio fresco insieme al mascarpone, lo zucchero e i semi di vaniglia (incidi il baccello per il lungo e raschiali dall'interno con la punta di un coltello) in modo da ottenere un composto liscio.
- Con una spatola incorpora delicatamente la panna montata, mescolando dal basso verso l'alto per non farla smontare.
- Versa la crema così ottenuta in 4 coppette, coprile con la pellicola trasparente per alimenti e conservale in frigorifero.
- Al momento di servire, togli la pellicola e distribuisci le noci spezzettate e il mosto cotto in ogni coppetta.

> Sapevi che la vaniglia è un'orchidea? Viene coltivata soltanto dall'Ottocento, quando sull'isola di Bourbon uno schiavo dodicenne di nome Edmond riuscì a mettere a punto il procedimento per l'impollinazione artificiale.

# Crostata con pinoli
## e savoiardi

•••

**Ingredienti per 8 persone:** 1 uovo intero • 2 tuorli • 80 g di zucchero • 1 cucchiaio colmo di caramello pronto • 100 ml di panna fresca • estratto di vaniglia • 1 rotolo di pasta frolla fresca rotonda • 120 g di savoiardi • 80 g di pinoli • sale

- Amalgama con una frusta l'uovo, i tuorli, lo zucchero, il caramello e un pizzico di sale, poi aggiungi a filo la panna, continuando a mescolare, e alcune gocce di estratto di vaniglia (segui il dosaggio indicato sulla confezione).
- Srotola la pasta frolla e usala, con la sua carta, per rivestire una teglia per crostate del diametro di circa 26 cm.
- Sbriciola al suo interno i savoiardi e copri con la crema di uova e panna, ruotando un po' la teglia per fare in modo che si distribuisca uniformemente.
- Cospargi con i pinoli, premi con il dorso di un cucchiaio per compattare il ripieno e cuoci in forno preriscaldato a 180 °C per 40 minuti, finché la superficie del dolce non sarà dorata.
- Lascia raffreddare la crostata su una gratella prima di servire.

Per via della loro forma lunga e sottile, in inglese i savoiardi vengono chiamati *ladyfingers*, cioè "dita di dama"!

# Spuma ai marron glacé
## con pere caramellate
...

**Ingredienti per 6 persone:** 2 grosse pere Kaiser (o di altro tipo a polpa soda) • 40 g di zucchero di canna • 200 ml di panna fresca • 250 g di crema di marroni • 100 g di marron glacé in pezzi • cannella in polvere • 6 marron glacé interi • burro

- Sbuccia le pere e tagliale a cubetti di circa 1,5 cm di lato. Fai fondere una noce di burro in una padella, aggiungi le pere e cuoci a fuoco medio per circa un minuto.
- Trascorso questo tempo, unisci lo zucchero, mescola e fai caramellare per circa 5 minuti a fiamma un po' più alta, muovendo spesso la padella. Una volta pronte, suddividi le pere in 6 coppe e lasciale raffreddare.
- Monta la panna e incorporala alla crema di marroni utilizzando una spatola, con movimenti dal basso verso l'alto, poi aggiungi i marron glacé in pezzi e mescola delicatamente.
- Suddividi la spuma nelle 6 coppe con le pere, copri con la pellicola trasparente per alimenti e metti in frigorifero.
- Al momento di servire, guarnisci ogni coppetta con un pizzico di cannella e un marron glacé intero.

> La cannella è una spezia apprezzata da millenni: usata già dagli antichi Egizi per le imbalsamazioni, viene citata in molti testi greci e latini e persino nel libro dell'Esodo della Bibbia.

# Ciambellone di kamut
## con yogurt e camomilla
• • •

**Ingredienti per 8 persone:** 220 g di zucchero • 230 g di farina di kamut • 1 bustina di lievito per dolci • 4 uova • 90 ml di olio di semi • 150 g di yogurt bianco non zuccherato • 2 cucchiai di latte • 1 bustina di camomilla solubile • 1 limone non trattato • miele di acacia • codette di cioccolato • burro • farina • sale

- Miscela in una ciotola lo zucchero con un pizzico di sale, la farina e il lievito setacciati, quindi fai un incavo al centro e versaci le uova, l'olio, lo yogurt e il latte in cui avrai sciolto la camomilla.
- Con una frusta sbatti il composto finché non sarà liscio, poi aggiungi la scorza grattugiata di mezzo limone e mescola.
- Versa il composto in uno stampo a cerniera da ciambella (di circa 22 cm di diametro) precedentemente imburrato e infarinato e cuoci in forno preriscaldato a 180 °C per 45 minuti. Prima di sfornare infila uno stecchino nel dolce: se ne esce pulito è cotto.
- Fai raffreddare il ciambellone su una gratella, spennella la superficie con il miele, cospargi con le codette di cioccolato e servi.

> All'inizio del Novecento uno studioso russo si accorse che i Bulgari, noti divoratori di yogurt, vivevano meglio e più a lungo: fu questa scoperta a dare il via alla produzione industriale di yogurt!

# Torta al cacao
## con maionese
...

**Ingredienti per 8 persone:** 260 g di farina · 60 g di cacao amaro · 1,5 cucchiaini di bicarbonato di sodio · 200 g di zucchero · 150 g di maionese · cannella in polvere · sale

- Setaccia in una ciotola la farina, il cacao, il bicarbonato e un pizzico di sale e in un'altra mescola con una frusta lo zucchero, la maionese, 200 ml di acqua e un cucchiaino di cannella.
- Unisci il contenuto delle 2 ciotole e amalgama bene usando una frusta.
- Versa il composto in una tortiera di 24 cm di diametro, rivestita con carta da forno, e cuoci in forno preriscaldato a 180 °C per circa 35 minuti, verificando la cottura con uno stecchino: infilandolo nel dolce dovrà uscirne pulito.
- Fai raffreddare bene la torta prima di sformarla e servirla.

> Cosa non deve mai mancare nella tua dispensa? Il bicarbonato! Serve a far lievitare gli impasti, ma anche a pulire ogni angolo della casa e a eliminare i cattivi odori.

# Sfogliata alle 3 uve

•••

**Ingredienti per 8 persone:** 1 rotolo di pasta sfoglia fresca rettangolare • 150 g di uva bianca senza semi • 150 g di uva nera senza semi • 75 g di uva passa • 4 cucchiai di confettura a piacere (albicocca, pesca ecc.)

- Metti a bagno l'uva passa in acqua calda.
- Rivesti con la carta da forno una teglia quadrata di 22 cm di lato, ritaglia dalla pasta sfoglia un quadrato delle stesse dimensioni, sistemalo sul fondo e bucherellalo ripetutamente con una forchetta.
- Dalla pasta sfoglia avanzata ritaglia tante striscioline larghe 1 dito e lunghe quanto basta per circondare i chicchi di uva (circa 4-5 cm) e usa ciascuna per avvolgere un chicco.
- Spennella la base di pasta sfoglia con un po' di confettura e disponici sopra, in file ordinate e alternando i colori, i rotolini di uva.
- Strizza l'uva passa e distribuiscila negli spazi vuoti rimasti.
- Inforna a 200 °C per circa 30 minuti, finché la pasta non apparirà leggermente dorata.
- Spennella la sfogliata ancora calda con la confettura rimasta, toglila dalla teglia e falla raffreddare su una gratella prima di servire.

> Da noi sono le lenticchie a portare fortuna a Capodanno, in Spagna i chicchi d'uva: secondo la tradizione bisognerebbe mangiarne esattamente 12, uno per ogni rintocco della mezzanotte.

# Cupcake al tiramisù

•••

**Ingredienti per 4 persone:** 125 g di farina • ½ cucchiaio di lievito per dolci • la punta di 1 cucchiaino di bicarbonato di sodio • 75 g di zucchero • 1 uovo • 180 g di yogurt bianco • 60 g di burro • 1 cucchiaio colmo di caffè solubile • sale **Per la copertura:** 250 g di mascarpone • 80 g di zucchero a velo • estratto di vaniglia • 2 cucchiai di cacao amaro

- In una ciotola miscela la farina, il lievito e il bicarbonato setacciati insieme, lo zucchero e un pizzico di sale. A parte, sbatti con una frusta a mano l'uovo, lo yogurt, il burro fuso raffreddato e il caffè solubile, amalgamando bene per farlo sciogliere.
- Unisci i 2 preparati, mescolando non troppo a lungo, e versa il composto in 8 stampini per muffin foderati con un pirottino di carta (oppure imburrati).
- Cuoci in forno preriscaldato a 180 °C per circa 15 minuti, verificando la cottura con uno stecchino prima di sfornare: infilandolo in un dolcetto dovrà uscirne pulito. Una volta pronti, lascia raffreddare i cupcake completamente su una gratella.
- Nel frattempo con un cucchiaio lavora in una ciotola il mascarpone con lo zucchero a velo setacciato e alcune gocce di estratto di vaniglia (segui il dosaggio indicato sulla confezione).
- Guarnisci ogni cupcake con una cucchiaiata di glassa (puoi aiutarti con un sac à poche), cospargi con il cacao e servi.

> Il tiramisù è uno dei dolci italiani
> più famosi al mondo,
> eppure nessuno ne conosce la ricetta originale!

# Castagnaccio

•••

Mariangela Camocardi
Verbania

**Ingredienti per 8 persone:** 100 g di uva passa • 500 g di farina di castagne • 1 bicchiere di latte (o latte di soia) • 4 cucchiai di zucchero di canna • 150 g di gherigli di noce • pinoli • rosmarino • olio di semi • sale

- Far ammollare l'uva passa in acqua tiepida per alcuni minuti.
- Trascorso questo tempo, versare la farina di castagne in una terrina e lavorarla con il latte (o il latte di soia, per chi è intollerante al lattosio), un bicchiere di olio, uno di acqua, lo zucchero, le noci tritate, l'uva passa scolata e ben strizzata e un pizzico di sale.
- Quando il composto risulta morbido e omogeneo, versarlo in una teglia antiaderente di circa 24 cm di diametro leggermente unta con un filo di olio.
- Cospargere la superficie con un po' di pinoli e aghi di rosmarino e infornare a 180 °C per 40-45 minuti, verificando la cottura con uno stecchino prima di sfornare: infilandolo nel dolce dovrà uscirne pulito.
- Quando il castagnaccio è pronto, sfornarlo, farlo raffreddare e servirlo.

# Torta al pistacchio

• • •

**Ingredienti per 8 persone:** 120 g di burro + un po' per la tortiera • 1 arancia non trattata • 100 g di zucchero • 2 uova • 2 cucchiai di succo di arancia • 250 g di pistacchi tostati salati • ½ cucchiaino di lievito per dolci • 60 g di farina + un po' per la tortiera

- Fondi il burro e versalo in una ciotola con la scorza grattugiata di mezza arancia e lo zucchero, mescolando per farlo sciogliere un po'. Aggiungi le uova, monta con le fruste elettriche finché il composto non apparirà chiaro e soffice, poi unisci il succo di arancia e mescola ancora.
- Polverizza nel mixer i pistacchi, aggiungi il lievito e la farina e frulla di nuovo per amalgamare. Incorpora la polvere nel composto di uova, mescolando con una spatola, quindi versa il tutto in una tortiera del diametro di circa 24 cm, imburrata e infarinata.
- Cuoci in forno preriscaldato a 180 °C per 25 minuti, verificando la cottura con uno stecchino: la torta è pronta se infilzandola ne esce pulito.
- Estrai dal forno e lascia raffreddare prima di servire.

> La cittadina siciliana di Bronte è molto fiera dei propri pistacchi, noti in tutto il mondo, tanto che nel suo inno, *U diamanti virdi*, paragona questo frutto delizioso a un prezioso diamante.

# Chantilly con more e meringa

• • •

**Ingredienti per 6 persone:** 500 g di more • 1 cucchiaio di succo di limone • 30 g di zucchero • 1 pizzico di fiori di lavanda secchi non trattati (facoltativo) • 250 ml di panna fresca • 20 g di zucchero a velo vanigliato • 4 meringhe di 6-7 cm di diametro

- Metti in una casseruola, su fuoco basso, 200 g di more, il succo di limone, lo zucchero e 4 cucchiai di acqua. Fai bollire dolcemente per circa 10 minuti, finché le more non saranno tenere, mescolando di tanto in tanto.
- Un paio di minuti prima di spegnere il fuoco aggiungi, se vuoi, i fiori di lavanda chiusi in una garza. A fine cottura elimina la lavanda, frulla il tutto e lascia raffreddare completamente.
- Poco prima di servire, monta la panna con lo zucchero a velo, finché non sarà rassodata ma ancora leggermente morbida.
- Spezzetta le meringhe in una terrina, aggiungi la panna montata, le more intere rimaste e metà della purea di more.
- Mescola con una spatola senza amalgamare del tutto: dovrai ottenere un composto marmorizzato che suddividerai in 6 bicchieri. Guarnisci ogni coppa con il resto della purea di more e servi.

> La Provenza è il regno della lavanda: ogni anno, d'estate, migliaia di turisti vanno a visitarla per ammirare lo spettacolo della sua fioritura, una gioia per gli occhi... e per il naso!

# Crostata
## allo sciroppo d'acero e noci

• • •

**Ingredienti per 8 persone:** 340 g di sciroppo d'acero • 30 g di amido di mais • 30 g di burro • 40 g di gherigli di noce • 1 rotolo di pasta brisée fresca

- In una casseruola fai bollire per 5 minuti lo sciroppo d'acero con 120 ml di acqua, poi abbassa la fiamma al minimo e aggiungi l'amido di mais diluito con 30 ml di acqua, amalgamando velocemente con una frusta.
- Riporta su fuoco medio, continuando a mescolare, e lascia addensare per circa 30 secondi. Quindi togli dai fornelli, aggiungi il burro e le noci tritate grossolanamente e mescola bene finché il burro non sarà del tutto sciolto. Lascia intiepidire.
- Srotola la pasta brisée, stendila con la sua carta da forno in una teglia del diametro di 22-24 cm, riempila con la crema allo sciroppo d'acero e ripiega i bordi sul ripieno. Cuoci in forno preriscaldato a 200 °C per 30 minuti, finché la pasta non sarà dorata.
- Lascia raffreddare completamente prima di servire.

> In Canada lo sciroppo d'acero viene fatto condensare e poi colato bollente sulla neve: così facendo si ottengono i *maple taffy*, golosi lecca lecca preparati al momento e venduti per strada.

# Crêpe al cioccolato
## con crema e amarene

• • •

**Ingredienti per 6 persone:** Per le crêpe: 130 g di farina • 2 cucchiai di cacao amaro • 2 uova • 50 g di zucchero • 20 g di burro + un po' per la padella • 300 ml di latte • sale Per farcire: 600 g di crema pasticcera • 100 g di amarene sciroppate • zucchero a velo

- Setaccia la farina e il cacao in una ciotola capiente, aggiungi le uova sbattute, lo zucchero, un pizzico di sale, il burro fuso e raffreddato e mescola il tutto con una frusta; quindi, continuando ad amalgamare, versa il latte a filo fino a ottenere una pastella piuttosto liquida. In alternativa puoi frullare insieme tutti gli ingredienti nel mixer (va bene anche quello a immersione).
- Fondi mezza noce di burro in una padellina ben calda (meglio se quella apposita per le crêpe), togli l'eccesso con un pezzo di carta assorbente da cucina, poi allontanala dalla fiamma e versaci un mestolino di composto. Distribuiscilo bene ruotando la padellina, quindi rimetti a cuocere a fuoco medio. Appena i bordi della crêpe iniziano a sollevarsi (bastano poche decine di secondi), voltala usando una paletta piatta e lasciala cuocere sull'altro

> In Francia le crêpe sono protagoniste di molti proverbi: per esempio, "rigirare qualcuno come una crêpe" significa fargli cambiare idea in fretta.

lato per 10-15 secondi. Procedi così fino a esaurire il composto, impilando le crêpe pronte su un piatto. Lasciale raffreddare.
- Poco prima di servire, farcisci le crêpe con la crema pasticcera e le amarene, piegale in 4 e sistemale su un piatto da portata.
- Cospargile con lo zucchero a velo e porta in tavola.

# Torta di mais con panna
## al caramello

• • •

**Ingredienti per 6 persone:** 80 g di farina per polenta a cottura rapida · 80 g di farina autolievitante · 50 g di zucchero · 120 ml di latte · estratto di mandorla · 250 ml di panna fresca · 100 g di caramello pronto · sale

- In una ciotola miscela con un cucchiaio di legno le farine con lo zucchero e un pizzico di sale, poi aggiungi a filo il latte e qualche goccia di estratto di mandorla (segui il dosaggio indicato sulla confezione), mescolando fino a ottenere un composto omogeneo.
- Versalo in una teglia di 18 cm di diametro rivestita con carta da forno e cuoci in forno preriscaldato a 180 °C per 30 minuti, verificando la cottura con uno stecchino prima di sfornare: infilandolo nel dolce dovrà uscirne pulito.
- Una volta pronta, aspetta che la torta si intiepidisca, poi sformala e lasciala raffreddare su una gratella.
- Poco prima di servire, monta la panna insieme al caramello e distribuiscine un po' sulla superficie della torta formando dei ciuffetti con la punta del cucchiaio. Servi il dolce a fette, accompagnato dalla restante panna al caramello.

> Se per sbaglio monti troppo la panna, devi ricominciare da capo con altra panna fresca. In compenso, però, continuando a montare trasformerai il tuo errore in un ottimo burro fatto in casa!

# Biscotti di farina di riso
## e cioccolato
...

**Ingredienti per 6 persone:** 110 g di burro • 90 g di zucchero • 90 g di zucchero di canna • 1 uovo • estratto di vaniglia • 220 g di farina di riso • 1 cucchiaino di lievito per dolci • la punta di 1 cucchiaino di bicarbonato di sodio • 100 g di cioccolato fondente (o al latte) • sale

- Fai ammorbidire il burro a temperatura ambiente e lavoralo con le fruste elettriche insieme ai 2 tipi di zucchero e un pizzico di sale. Quindi unisci l'uovo e alcune gocce di estratto di vaniglia (segui il dosaggio indicato sulla confezione) e monta ancora finché il composto non sarà spumoso: basteranno 1-2 minuti.
- Con una spatola incorpora prima la farina di riso, il lievito e il bicarbonato setacciati insieme, poi il cioccolato tritato, mescolando fino a ottenere un composto omogeneo.
- Aiutandoti con un cucchiaino, disponi l'impasto a mucchietti della dimensione di una noce, distanti tra loro 3-4 cm, su una placca rivestita di carta da forno. Cuoci in forno preriscaldato a 180 °C per 12-13 minuti, finché non saranno leggermente dorati.
- Fai raffreddare i biscotti prima di staccarli dalla placca e servirli. In un contenitore ermetico si conservano per 4-5 giorni.

> La cioccolata in tazza? L'hanno inventata gli Aztechi, che per rigenerarsi bevevano un composto a base di cacao e baccelli di vaniglia.

# Torta "saracena" alle mele

Davide Baesse – Treviso

**Ingredienti per 8 persone:** 100 g di farina • ½ bustina di lievito per dolci vanigliato • 100 g di burro • 100 g di zucchero • 20 g di zucchero di canna • 3 uova • 100 g di farina di grano saraceno • 1 limone non trattato • 3 cucchiai di vino dolce • 4 mele • 3 cucchiai di marmellata di arance • sale

- In un recipiente lavorare il burro con gli zuccheri, quindi unire un cucchiaio di farina bianca e un uovo alla volta, continuando a mescolare. Incorporare il resto della farina bianca setacciata con il lievito e un pizzico di sale, poi quella di grano saraceno, la scorza grattugiata del limone e 2 cucchiai di vino dolce e amalgamare con cura.
- Trasferire il composto in uno stampo a bordi alti del diametro di circa 24 cm, precedentemente rivestito con carta da forno, e livellarlo con l'aiuto di una spatola.
- Distribuire le mele, sbucciate e tagliate a dadini, sulla superficie della torta e spennellarle con la marmellata diluita con il succo del limone e il cucchiaio di vino rimasto.
- Infornare a 180 °C per 45-50 minuti, verificando la cottura con uno stecchino: infilandolo nella torta dovrà uscirne pulito. Lasciare intiepidire prima di servire.

# Sospiri di mandorle
## alla frutta

• • •

**Ingredienti per 6 persone:** 200 g di farina di mandorle • 40 g di zucchero a velo • 40 g di confettura di fragole • 40 g di marmellata di arance • 40 g di confettura di amarene • zucchero di vari colori (o zucchero di canna)

- Mescola la farina di mandorle con lo zucchero a velo setacciato e dividi la miscela in 3 parti uguali.
- In ogni parte incorpora un tipo di confettura diverso, lavorando con un cucchiaio fino a ottenere una pasta malleabile.
- Forma con i 3 composti delle palline della dimensione di una piccola noce, rotola quelle di ciascun gusto nello zucchero di un colore diverso (o tutte nello zucchero di canna) e trasferiscile dentro dei pirottini di carta.
- Lascia asciugare i sospiri per un'ora prima di servire.

> Mandorle frullate, zucchero e acqua:
> basta poco per gustare un ottimo latte di mandorla,
> perfetto per rinfrescarsi e fare il pieno di energia
> nelle calde giornate estive.

# Torta di pane e pesche
## all'amaretto

• • •

**Ingredienti per 8 persone:** 12 fette di pancarré spesso • 500 ml di latte • 250 g di latte concentrato zuccherato • 4 cucchiai di liquore all'amaretto • ½ cucchiaino di cannella in polvere • 4 uova • 3 pesche • zucchero a velo • burro

- Taglia il pane a cubetti di 2 cm di lato e mettili in una teglia rettangolare già imburrata, di circa 22x32 cm.
- A parte mescola con una frusta il latte, il latte concentrato, il liquore, la cannella e le uova, fino a ottenere un composto omogeneo. Versalo sul pane e fai riposare per circa 10 minuti, amalgamando di tanto in tanto in modo che i cubetti si inzuppino bene.
- Elimina i noccioli delle pesche ma non la buccia, taglia la polpa a dadini, aggiungila al composto e amalgama bene.
- Cospargi la superficie della torta con fiocchetti di burro e cuoci in forno preriscaldato a 180 °C per circa 45 minuti.
- Lascia intiepidire, spolverizza con abbondante zucchero a velo e servi il dolce tagliato a quadrotti.

---

Il pittore Bernardino Luini si innamorò di una ragazza di Saronno tanto da dipingere una Madonna con i suoi lineamenti. Lei, per ringraziarlo, gli offrì una bevanda a base di brandy, erbe, zucchero e mandorle: l'antenato del nostro liquore all'amaretto!

# Coppetta gelato
## con tappo di cioccolato

• • •

**Ingredienti per 6 persone:** 200 g di gelato alla vaniglia • 200 g di gelato alla fragola • 200 g di gelato al cioccolato • 150 g di cioccolato fondente • frutta secca in granella (nocciole, mandorle, pistacchi ecc.)

- Lascia ammorbidire il gelato per 5-10 minuti a temperatura ambiente, poi lavoralo con una spatola per renderlo cremoso.
- Prendi 6 coppette, riempi ciascuna con tutti e 3 i gusti di gelato, livella con un cucchiaio e metti in freezer per un'ora.
- Trita grossolanamente il cioccolato e fallo sciogliere in un pentolino a bagnomaria, mescolando.
- Lascialo un po' intiepidire, quindi estrai le coppette dal freezer, versa in ognuna il cioccolato fuso e, aiutandoti con un cucchiaino per stenderlo, ricopri in modo uniforme tutta la superficie del gelato.
- Cospargi immediatamente con la granella di frutta secca e rimetti in freezer fino al momento di servire: il cioccolato si solidificherà creando sopra il gelato un "tappo" croccante.

> Pochi sanno che 1 kg di cioccolato contiene circa 700 mg di caffeina: mangiarne una tavoletta è come bere una tazzina di espresso!

# Plumcake speziato

•••

**Ingredienti per 8 persone:** 2 uova • 100 g di zucchero di canna • 160 g di miele • 120 ml di tè • 250 g di farina • 2 cucchiaini di spezie miste in polvere (cannella, zenzero, chiodi di garofano ecc.) • 60 g di burro • 1 cucchiaino di lievito per dolci • ½ cucchiaino di bicarbonato di sodio • sale

- Con le fruste elettriche, monta i tuorli con lo zucchero e un pizzico di sale; quando il composto diventa chiaro e spumoso, versa il miele e monta ancora per 5-6 minuti.
- Aggiungi il tè a temperatura ambiente, poi la farina e amalgama bene, quindi unisci le spezie, il burro fuso e raffreddato, il lievito e il bicarbonato setacciati e lavora con le fruste per 2-3 minuti, finché il composto non risulterà liscio e omogeneo. Monta gli albumi a neve e incorporali al composto con una spatola, con movimenti lenti dal basso verso l'alto.
- Versa il tutto in uno stampo da plumcake di circa 26x12 cm, rivestito con carta da forno, e cuoci in forno preriscaldato a 180 °C per 50 minuti, verificando la cottura con uno stecchino: infilandolo nel dolce dovrà uscirne pulito.
- Una volta pronto, lascia riposare il plumcake per 10 minuti prima di sformarlo su una gratella. Fai raffreddare e servi.

> Si narra che l'infuso di tè sia stato scoperto
> per caso da un imperatore cinese, che ne fece
> accidentalmente cadere una piantina
> in un pentolone pieno di acqua bollente.

# RICETTE DEI FAN

## Torta di ananas senza burro

...

Erika Pontello – Udine

**Ingredienti per 8 persone:** 1 barattolo di ananas sciroppato • 1 uovo • 1 vasetto di yogurt magro all'ananas • 100 g di zucchero di canna • 50 ml di olio di semi • 150 g di farina • ½ bustina di lievito per dolci

- Far sgocciolare l'ananas in modo da eliminare lo sciroppo in eccesso. Disporre le fette in una teglia di circa 22 cm di diametro rivestita di carta da forno; tagliare a cubetti quelle che avanzano e tenerli da parte.
- In una ciotola lavorare l'uovo con lo yogurt, lo zucchero e l'olio di semi; poi, continuando a mescolare, unire anche la farina setacciata e il lievito. In ultimo, aggiungere i cubetti di ananas e amalgamare bene il tutto.
- Versare il composto nella teglia sulle fette di ananas e infornare a 180 °C per 40 minuti, verificando la cottura con uno stecchino: infilandolo nel dolce dovrà uscirne pulito.
- Quando la torta è pronta, lasciarla raffreddare, poi capovolgerla su un piatto da portata e servirla.

# Merendine alla mela
## e mirtilli

• • •

**Ingredienti per 6 persone:** 1 mela di circa 180 g · 1 uovo · 90 g di zucchero · ½ limone non trattato · 40 g di burro · 60 ml di latte · 200 g di farina autolievitante · 80 g di mirtilli · sale

- Sbuccia la mela e tagliala a dadini di circa 1 cm di lato.
- In una ciotola capiente sbatti con una frusta a mano l'uovo con lo zucchero, la scorza di limone grattugiata e un pizzico di sale, poi aggiungi il burro fuso e raffreddato e amalgama bene.
- Incorpora la farina con una spatola e, in ultimo, la mela e i mirtilli, mescolando delicatamente per non romperli: dovresti ottenere un composto piuttosto denso.
- Con l'aiuto di un cucchiaio, su una placca ricoperta di carta da forno crea 12 mucchietti di impasto distanti tra loro circa 10 cm e cuoci in forno preriscaldato a 180 °C per 18-20 minuti. Verifica la cottura con uno stecchino prima di sfornare: infilandolo nel dolcetto dovrà uscirne pulito.
- Una volta pronte, fai raffreddare le merendine su una gratella prima di servirle.

*I Galli e i Celti non solo erano ghiotti di mirtilli, ma ne ricavavano anche una tintura con cui coloravano le loro vesti.*

# Crema di yogurt al miele, zafferano e mandorle

•••

**Ingredienti per 6 persone:** 2 bustine di zafferano • 4 cucchiai di latte • 80 g di miele + un po' per guarnire • 600 g di yogurt greco • 30 g di mandorle tostate a lamelle

- Sciogli lo zafferano nel latte caldo e lascia raffreddare.
- A parte amalgama con una frusta il miele e lo yogurt fino a ottenere una crema liscia, quindi aggiungi il latte aromatizzato allo zafferano e mescola bene.
- Versa il composto in una coppa, copri con la pellicola trasparente per alimenti e trasferiscila in frigorifero per almeno mezz'ora.
- Al momento di servire, guarnisci la crema con le mandorle tostate e ancora un filo di miele.

> Per produrre 1 kg di miele, le api devono visitare 4 milioni di fiori e percorrere una distanza pari a 4 volte la circonferenza della Terra!

# Torta alla banana,
## arancia e limone

• • •

**Ingredienti per 8 persone:** 300 g di farina autolievitante • 170 g di zucchero • 1 limone non trattato • 1 arancia non trattata • 2 uova • 1 banana molto matura • 200 ml di panna fresca • sale

- Setaccia in una ciotola la farina, aggiungi un pizzico di sale, lo zucchero, la scorza grattugiata degli agrumi e mescola bene.
- Crea un incavo al centro e mettici le uova, la banana schiacciata con una forchetta, la panna, mezzo cucchiaio di succo di limone e uno di succo di arancia, quindi amalgama gli ingredienti con una frusta fino a ottenere un composto omogeneo.
- Rivesti con la carta da forno una tortiera del diametro di 24 cm, versaci il composto e cuoci in forno preriscaldato a 180 °C per 45 minuti, verificando la cottura con uno stecchino prima di sfornare: infilandolo nel dolce dovrà uscirne pulito.
- Aspetta che si intiepidisca, quindi sforma la torta e falla raffreddare su una gratella prima di servire.

---

Le banane che hai comprato sono troppo acerbe?
Conservale per una notte in un sacchetto chiuso
insieme a una mela o a un pomodoro
e diventeranno subito mature!

# Profiterole
## al caffè e sambuca

• • •

**Ingredienti per 6 persone:** 1 cucchiaio di caffè solubile • 1 cucchiaio di caffè espresso • 80 g di crema pasticcera • 180 ml di panna fresca • 30 piccoli bignè Per la copertura: 250 ml di panna fresca • 2 cucchiai di sambuca • 250 g di cioccolato bianco • chicchi di caffè

- Sciogli il caffè solubile nel caffè espresso, poi unisci il tutto alla crema pasticcera ben fredda e amalgama con cura per ottenere una crema liscia e omogenea. Monta la panna e incorporala delicatamente con una spatola, con movimenti dal basso verso l'alto per non smontarla.
- Trasferisci la crema in un sac à poche e riempi i bignè, oppure taglia la calottina dei bignè con un coltello, riempili con un cucchiaino e poi richiudili. Disponi i bignè farciti su un ampio vassoio e conservali in frigorifero.
- Intanto prepara la copertura: scalda la panna e, poco prima che raggiunga il bollore, aggiungi la sambuca, poi togli dal fuoco e unisci il cioccolato bianco finemente tritato. Mescola delicata-

> Nonostante il nome, anche il profiterole avrebbe origini italiane: pare che l'abbia inventato un cuoco della corte di Caterina de' Medici, andata in sposa a Enrico II di Francia.

mente per farlo sciogliere del tutto, poi lascia raffreddare la crema così ottenuta a temperatura ambiente.
- Quando la crema di cioccolato e sambuca sarà fredda e leggermente più densa, versala sui bignè. Decora ogni profiterole con un chicco di caffè e conserva il vassoio in frigorifero fino al momento di servire.

# Torta gelato al latte e fragole

**Ingredienti per 6 persone:** 1 disco sottile di pan di Spagna del diametro di 22 cm • 250 g di fragole mature • 300 g di latte concentrato zuccherato • 300 ml di panna fresca • 120 g di confettura di fragole • 1 ciuffo di menta fresca • burro

- Imburra leggermente le pareti di una tortiera a cerniera del diametro di 22 cm, rivestile con un foglio di carta da forno e sistema il disco di pan di Spagna sul fondo.
- Schiaccia con una forchetta le fragole (tranne una), aggiungi il latte concentrato e mescola. Monta la panna e incorporala delicatamente al composto con movimenti dal basso verso l'alto.
- Versa tutto nella tortiera con il pan di Spagna, battila delicatamente sul tavolo per eliminare eventuali bolle di aria, coprila con un foglio di alluminio e mettila in freezer.
- Poco prima di servire, estrai la torta dal freezer e trasferiscila su un piatto da portata; spalma sulla superficie la confettura di fragole e lascia riposare per 5 minuti a temperatura ambiente.
- Decorala con la fragola rimasta e le foglioline di menta e porta il dolce in tavola.

> Secondo la botanica, la fragola che noi mangiamo non è un frutto, ma serve solo da "supporto" per i frutti veri e propri, ovvero tutti quei piccoli semini di cui è cosparsa.

# Frolline al cocco
## ripiene

• • •

**Ingredienti per 6 persone:** 100 g di zucchero • 90 g di farina di cocco • 2 uova • 70 ml di panna fresca • estratto di vaniglia • 400 g di pasta frolla • 12 cioccolatini tipo cremini (o cioccolatini ripieni)

- Mescola con una frusta a mano lo zucchero, la farina di cocco, le uova, la panna e qualche goccia di estratto di vaniglia (segui il dosaggio indicato sulla confezione).
- Dividi la pasta frolla in 12 parti uguali e dai a ciascuna la forma di una pallina, poi appiattiscile con il palmo di una mano in modo da ottenere 12 dischetti. Sistemali in altrettanti stampini da crème caramel o da muffin (vanno bene anche quelli usa e getta) e premi bene con le dita per far aderire la pasta al fondo e alle pareti.
- Metti un cioccolatino all'interno di ogni stampino e ricopri con la farcia al cocco.
- Cuoci le frolline in forno preriscaldato a 180 °C per 20 minuti, finché non appariranno dorate in superficie.
- Lasciale intiepidire, sformale e servile.

> Il cocco ti piace da impazzire ma ti appesantisce? Invece del frutto, prova a bere l'acqua che si trova al suo interno: è leggera e depurativa, ricca di vitamine e sali minerali, e in più placa la fame!

# Torta all'albicocca

**Ingredienti per 10 persone:** 1 disco spesso di pan di Spagna del diametro di 24 cm **Per la farcitura:** 550 g di albicocche sciroppate • 300 ml di panna fresca • 200 g di confettura di albicocche **Per la copertura:** 400 ml di panna fresca • 1 cucchiaio di zucchero a velo

- Taglia orizzontalmente il pan di Spagna per ottenere 2 dischi di uguale spessore. Sgocciola bene le albicocche sciroppate (conservando il loro liquido) e tagliane metà a cubetti e metà a fettine.
- Monta la panna per la farcitura con le fruste elettriche e incorporala alla confettura lavorando dal basso verso l'alto.
- Spennella abbondantemente il disco di pan di Spagna inferiore con lo sciroppo delle albicocche, ricopri con la farcia, livellala e cospargila con le albicocche a cubetti.
- Richiudi con il secondo disco di pan di Spagna, premi delicatamente e spennella con altro sciroppo.
- Monta la panna per la copertura con lo zucchero a velo e usala per ricoprire la torta; lisciala e poi, con i rebbi di una forchetta, crea delle linee decorative sulla superficie.
- Disponi in modo ordinato sulla torta le albicocche a fettine e conserva il dolce in frigorifero fino al momento di servire.

> Si chiama pan di Spagna, ma è un dolce italianissimo: l'ha inventato nel Settecento Giobatta Cabona, cuoco genovese inviato presso la corte spagnola al seguito di un ambasciatore.

## RICETTE DEI FAN

# Frittelle
## alla banana
• • •

*Ludmila Martiniuc – Roma*

**Ingredienti per 4 persone:** 1 uovo • 1 bicchiere di farina • ½ bustina di lievito per dolci • ½ bicchiere di zucchero • ¼ di bicchiere di latte • 2 banane • olio di semi (o burro)

- In una ciotola amalgamare, aiutandosi con un cucchiaio di legno, l'uovo, la farina setacciata insieme al lievito, lo zucchero e il latte.
- Mescolare con cura, cercando di eliminare i grumi, fino a ottenere un composto omogeneo.
- Sbucciare le banane, tagliarle a rondelle e unirle alla pastella preparata, mescolando molto delicatamente per evitare di romperle.
- Ungere una padella con 2 cucchiai di olio di semi (o di burro), farla scaldare, quindi versarci qualche cucchiaio di composto, in modo da formare una frittella tonda del diametro di circa 10 cm. Non appena si sarà rappresa (ci vorranno 1-2 minuti), voltarla con una paletta e lasciarla cuocere anche sull'altro lato per lo stesso tempo.
- Procedere in questo modo fino a esaurire il composto, quindi servire le frittelle ancora calde.

# Panelle dolci con pistacchi
## e cioccolato

• • •

**Ingredienti per 8 persone:** 100 ml di latte • 50 g di strutto • 3 cucchiai di zucchero • 300 g di farina di ceci • 1 uovo • 80 g di granella di pistacchi • 100 g di cioccolato fondente • 100 g di codette di zucchero colorate • olio di semi di arachidi • sale

- In una capiente casseruola porta a bollore 250 ml di acqua con il latte, lo strutto, lo zucchero e una presa di sale.
- Spegni il fuoco, unisci la farina di ceci setacciata e mescola energicamente finché il composto non sarà omogeneo, poi aggiungi l'uovo e la granella di pistacchi e amalgama bene.
- Versa il tutto su una placca ricoperta di carta da forno, livellando a circa 1 cm di spessore, e fai raffreddare.
- Taglia a rettangoli il composto e friggi in abbondante olio ben caldo. Man mano che le prepari, sgocciola le panelle su carta assorbente da cucina e disponile su un vassoio.
- Quando saranno tutte pronte, trita il cioccolato, fondilo a bagnomaria e versalo sulle panelle. Cospargi con le codette di zucchero e aspetta che il cioccolato si solidifichi prima di servire.

*La cottura a bagnomaria oggi ci fa pensare solo alla cucina, ma nell'alto Medioevo, quando si è affermata, serviva agli alchimisti per preparare i loro elisir… e per cercare di produrre l'oro!*

# Muffin in crosta
## di cannella

•••

**Ingredienti per 6 persone:** 260 g di farina • 100 g di zucchero • 2 cucchiaini di lievito per dolci • ½ cucchiaino di cannella in polvere • 200 ml di latte • 2 uova • 80 g di burro • sale **Per la copertura:** 60 g di farina • 70 g di zucchero di canna • 2 cucchiaini di cannella in polvere • 60 g di burro

- Rivesti gli stampini di una teglia da 12 muffin con pirottini di carta oppure ungili con del burro.
- Per la copertura, miscela in una ciotola la farina, lo zucchero di canna e la cannella, aggiungi il burro a dadini e lavora con la punta delle dita fino a ottenere un composto brioloso.
- Intanto, prepara i muffin: in una grossa ciotola miscela la farina, lo zucchero, il lievito setacciato, la cannella e un pizzico di sale.
- Sbatti con una frusta a mano il latte, le uova, il burro fuso e raffreddato, versa nella ciotola con la farina e il lievito e mescola senza lavorare troppo a lungo.
- Trasferisci il composto ottenuto negli stampini e distribuisci sopra ognuno un po' di briciole di copertura alla cannella. Cuoci in

> In Inghilterra un tempo erano molto popolari i *muffin men*, cioè i venditori ambulanti di questi dolcetti, che li esponevano su vassoi di legno appesi al collo. Tanto che a loro è stata dedicata una celebre canzone per bambini.

forno preriscaldato a 180 °C per circa 25 minuti, verificando la cottura con uno stecchino prima di sfornare: infilandolo in un dolcetto dovrà uscirne pulito.
- Fai raffreddare completamente i muffin su una gratella prima di servirli.

**RICETTE DEI FAN**

# Torta con ganache al cioccolato e fragole

• • •

Angela Sagliocco - Piacenza

**Ingredienti per 8 persone:** Per la torta: 150 g di burro + un po' per la tortiera • 150 g di zucchero • ½ baccello di vaniglia • 4 tuorli • ½ limone non trattato • 2 albumi • 75 g di fecola di patate • 75 g di farina + un po' per la tortiera • 8 g di lievito per dolci • bicarbonato di sodio • sale Per la ganache: 30 g di burro • 250 ml di panna fresca • 250 g di cioccolato fondente Per completare: 400 g di fragole

- In una terrina capiente lavorare il burro ammorbidito a temperatura ambiente con metà dello zucchero e i semi di vaniglia (per estrarli incidere la bacca per il lungo e raschiarli dall'interno con la punta di un coltello) fino a ottenere una crema liscia. Aggiungere i tuorli uno alla volta, amalgamando con cura prima di unire il successivo, e poi la buccia di limone grattugiata: il composto dovrà risultare chiaro, cremoso e senza grumi.
- In una ciotola dai bordi alti, montare a neve ben ferma gli albumi con un pizzico di sale e, continuando a lavorare con le fruste, incorporare piano piano lo zucchero rimasto.
- Setacciare la fecola con la farina, il lievito e un pizzico di bicarbonato, poi aggiungerli poco alla volta al composto di burro e uova, facendo attenzione a non lasciare grumi. Infine incorporare molto delicatamente anche gli albumi, mescolando con una spatola dal basso verso l'alto per non smontarli.

- Versare il tutto in una tortiera di circa 22 cm di diametro, imburrata e infarinata, e cuocere in forno preriscaldato a 180 °C per circa 40 minuti, verificando la cottura con uno stecchino: se la torta è pronta, infilzandola dovrà uscirne pulito. Sfornare e far raffreddare.
- Nel frattempo, preparare la ganache: scaldare la panna in un tegame a fiamma bassa con il burro, mescolando in modo che si sciolga completamente.
- Quando sulla superficie inizieranno a formarsi delle bollicine, togliere dal fuoco e unire il cioccolato tritato, amalgamando finché non si sarà fuso del tutto. Lasciar raffreddare, poi conservare in freezer per 10 minuti, mescolando di tanto in tanto.
- Tagliare orizzontalmente la torta a metà, in modo da ottenere 2 dischi dello stesso spessore, spalmare su quello inferiore un po' di ganache, aggiungere qualche fragola ridotta a dadini e coprire con l'altro disco.
- Scaldare il resto della ganache velocemente al microonde (o in un pentolino) per renderla più liquida, distribuirla uniformemente sulla superficie della torta e decorare a piacere con le fragole rimaste.
- Far riposare per 20-30 minuti prima di servire il dolce.

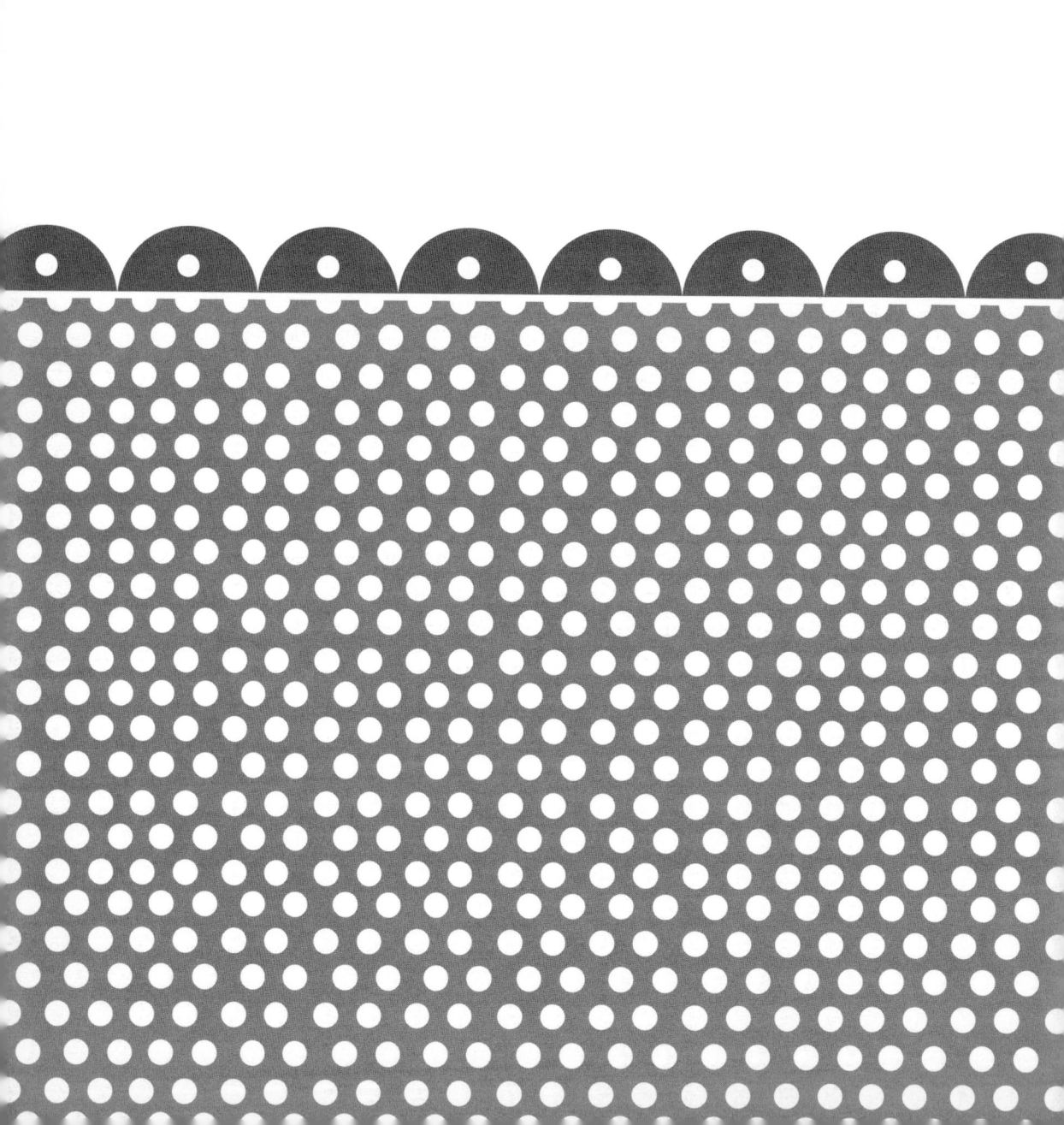

# Dietro le quinte

# DIETRO LE QUINTE

Ogni libro è il risultato del lavoro di tantissimi professionisti, ancor più numerosi quando si tratta di un volume di cucina illustrato come questo! Nella "mia cucina" sono infatti entrati editor, redattori, art director, grafici, home economist, fotografi, stylist, correttori di bozze, truccatrici, parrucchieri, assistenti... e molti altri. Una grandissima squadra senza la quale ora non potreste sfogliare e mangiare con gli occhi queste pagine!

Beatrice e Gino sono impegnati sul set fotografico dei miei manicaretti

Tutti pronti per le foto!

Laura e Francesca lavorano al progetto grafico

Piatti, bicchieri, posate, tovaglioli... c'è solo l'imbarazzo della scelta!

# DIETRO LE QUINTE

Giandomenico fa un ultimo controllo sulla fotografia della "Focaccia con crescenza e broccoli" (mmm, buonissima!) prima di inviarla alla redazione

Oliver controlla la situazione mentre facciamo le foto, un ottimo e tenero guardiano

Roberto mi immortala per lo scatto di copertina

Patrizia e Chiara riguardano le bozze in redazione

# Ringraziamenti

# GRAZIE A...

Grazie a Laura, Luca e Rossella che mi hanno rivoluto nella loro grande e prestigiosa famiglia! Mi siete mancati.
E grazie anche a Patrizia e Chiara, che non conoscevo ancora.
Grazie a Daniela, la mia "personal chef" che, quando c'è un emergenza, arriva a casa mia con i suoi piatti.
Grazie ai fan, che mi hanno inondato di consigli e ricette.
Grazie a tutti gli amici della *Prova del Cuoco*, che supportano i miei esperimenti.
Grazie alla mia famiglia, dato che il libro è pur sempre la mia casa!

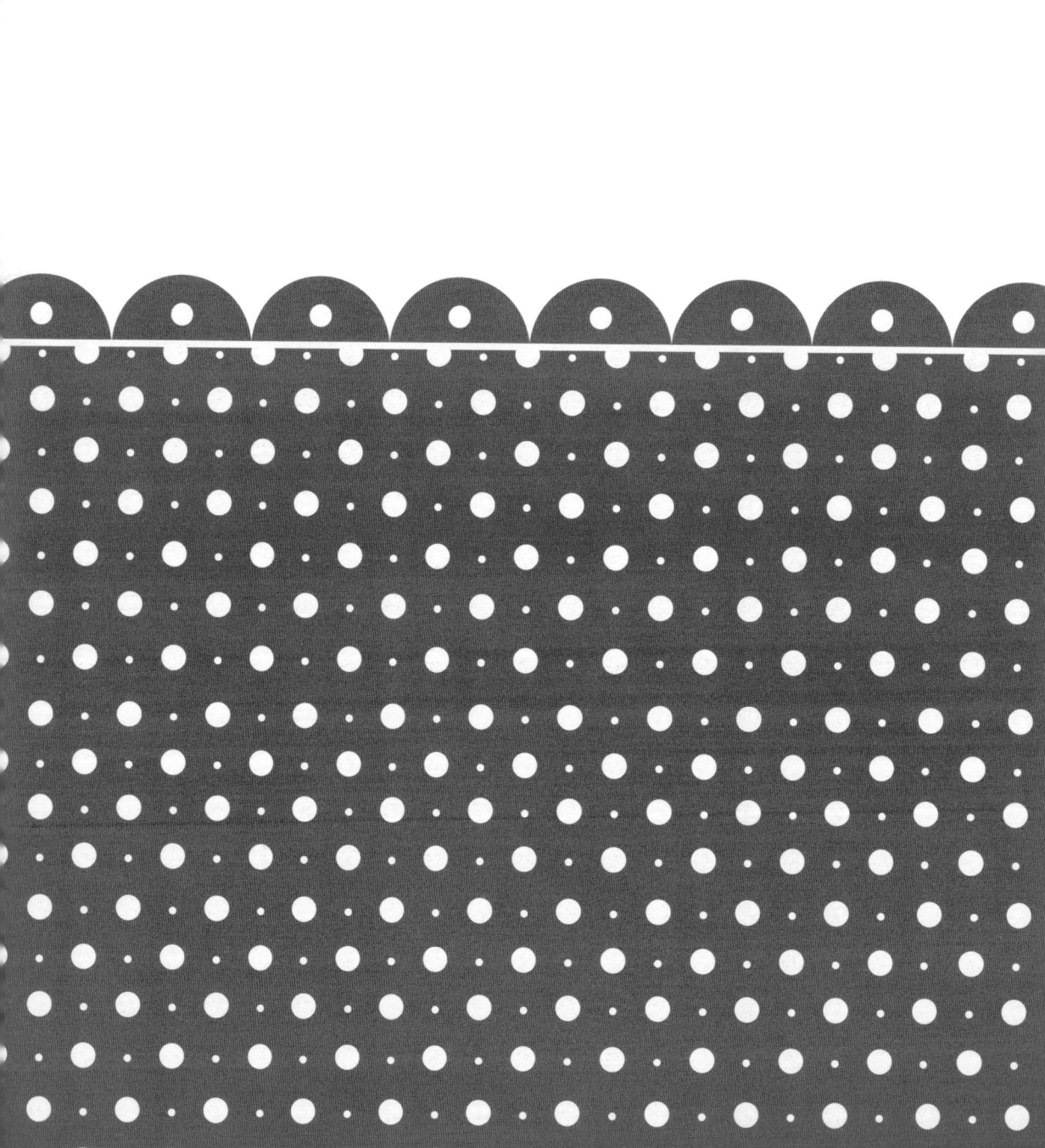

# Indici

# INDICE GENERALE

**Sommario** .................................................. 5

**Introduzione** ............................................ 7

**Antipasti** .................................................. 9
- Bruschetta ripiena di alici e mozzarella ... 10
- Involtini di sedano e prosciutto ..................... 13
- Sandwich di tonno alle erbe ........................... 14
- Crocchette di riso del nonno
  (*Ricette dei fan*) ............................................. 15
- Tartufini di pomodori secchi e ceci ............. 16
- Strudel rustico con verdure e 'nduja .......... 18
- Torta salata con gamberi e zafferano ....... 20
- Bocconcini di prosciutto e mango ............... 23
- Focaccia con crescenza e broccoli ............. 24
- Panna cotta al taleggio con carciofi .......... 27
- Muffin salati (*Ricette dei fan*) ..................... 28
- Bruschetta con gorgonzola e pere
  al vino .............................................................. 29
- Fagottini con uova, carne e spinaci .......... 30
- Paté di borlotti al rosmarino e salame ..... 32
- Calzoncini con porri, belga
  e salsiccia ...................................................... 34
- Crocchette di patate, olive e tonno ........... 35
- Pizza in cocotte ............................................. 37
- Vol-au-vent con fonduta e pancetta ......... 38
- Pizza di spaghetti (*Ricette dei fan*) ......... 40
- Tortine con straccetti ................................... 41
- Bomba di ricotta con pinzimonio .............. 42

- Panino integrale con radicchio,
  groviera e speck ............................................. 45
- Sfincione siciliano in bianco ........................ 46
- Schiacciata rustica di castagne ................... 47
- Cialledda ricca nella pagnotta ................... 48
- Bruschetta con salame e spuma
  di formaggio .................................................. 50
- Zucchine ripiene (*Ricette dei fan*) ............ 51
- Quiche con piselli, pancetta
  e crema di ceci .............................................. 52
- Paccheri ripieni fritti ................................... 55
- Focaccia con baccalà
  alla marchigiana ........................................... 56
- Torta salata con zucchine e arachidi ........ 58
- Bicchierini con mela e grana ...................... 59

**Primi** ........................................................ 61
- Rigatoni alla zucca con ceci e speck ......... 62
- Orecchiette con cozze e pesto al limone ... 65
- Risotto al pollo e pomodoro ........................ 66
- Chicche con carciofini e pancetta
  (*Ricette dei fan*) ............................................ 67
- Linguine allo sgombro, bottarga
  e limone ........................................................... 68
- Vellutata di mais guarnita .......................... 70
- Conchiglie con moscardini, panna
  e vermouth ..................................................... 73
- Spaghettoni con vongole e carciofi
  alla mentuccia ............................................... 74

- Insalata estiva di polenta .......... 76
- Spaghetti di soia allo zenzero (*Ricette dei fan*) .......... 78
- Lasagne tonnate .......... 79
- Risotto alla rucola con provola e prosciutto .......... 81
- Paccheri con la porchetta .......... 82
- Pasta con sarde fritte e pomodorini .......... 84
- Zuppa di pollo con carote, timo e zenzero .......... 85
- Couscous alla paprika con calamari e melanzane .......... 87
- Orzo al forno con funghi, verza e salsiccia .......... 89
- Reginette con ragù di maiale, panna e Marsala .......... 90
- Tagliatelle funghi, speck e vino rosso .......... 92
- Farfalle con pesto di menta e pecorino .......... 95
- Pallotte in brodo con crostini al grana .......... 96
- Gnocchetti sardi con fave, guanciale e baccalà .......... 98
- Spaghetti alla chitarra con ricotta e pomodoro .......... 100
- Risotto con salsiccia, robiola e cipollotti .......... 101
- Tortellini con ragù di fagioli .......... 102
- "Lasagne" di mortadella .......... 104
- Gazpacho con fagottini di mozzarella filante (*Ricette dei fan*) .......... 106
- Jota semplificata in risotto .......... 108
- Carbonara con verdure, mortadella e birra .......... 110
- Spaghetti cacio e pepe in rosso .......... 112
- Insalata di riso con melone, feta e capperi fritti .......... 113
- Gnocchi di pollo con sugo al rosmarino .......... 115
- Tagliatelle con asparagi, cannella e grana .......... 116
- Zuppa di primizie .......... 118
- Risotto con mele e pancetta (*Ricette dei fan*) .......... 119
- Pappardelle con pescatrice e bietoline .......... 121
- Ravioli al pesto di nocciole e mascarpone .......... 123
- Risotto con sedano, limone e crescenza .......... 124
- Minestra di verdure crude .......... 126
- Gnocchi con sugo vegetariano e camembert .......... 127
- Spaetzle con cavoletti e gorgonzola .......... 128
- Zuppa pavese con scalogni caramellati .......... 131
- Penne alla norcina con polpette agli spinaci .......... 132
- Spaghetti all'olio e pangrattato saporito .......... 134
- Farro perlato con carciofi, pomodorini e olive .......... 135
- Riso Venere con melanzane e pesto agrumato .......... 137

- Minestra di ragù con pizzicotti ................. 138
- Risotto al salmone con peperoni gialli ................................................. 141
- Ravioli con peperoni cruschi (*Ricette dei fan*) ................................ 142
- Chitarrine "mimosa" e speck ..................... 143
- Timballo con broccoli, formaggio e prosciutto di Praga ........................ 145
- Crema di cavolfiore con pisellini e pane nero ........................................ 146
- Polenta pasticciata con cotechino e lenticchie ........................................ 148
- Risotto con carote viola e robiola (*Ricette dei fan*) ................................ 149

## Secondi .................................................. 151

- Branzino tiepido con lenticchie alla senape ............................................ 152
- Arrosto in crosta di noci miste ................. 155
- Parmigiana di melanzane e seitan (*Ricette dei fan*) ................................ 156
- Pizza con bietole, pomodorini e provola ................................................ 157
- Frittata alla tirolese ................................... 159
- Bocconcini di vitello speziati al mascarpone ........................................ 160
- Hamburger con prosciutto, cipollotti e provolone ........................................ 162
- Stufato di fagioli giganti e finocchi ......... 163
- Padellata di manzo all'americana ........... 164
- Crocchette di salmone alle 3 panature ................................................... 167
- Petto d'anatra con scalogni e castagne .... 168
- Filetti di sogliola con paprika e grana .................................................... 170
- Girandole di carne alla griglia .................. 172
- Orata alla pugliese con peperoni e pomodorini ........................................ 175
- Tagliata di tonno in crosta di pepe ......... 177
- Stecchi di arrosto e verdure ..................... 178
- Spezzatino di cernia con finocchi ............ 180
- Piatto freddo con tacchino prezzemolato ........................................... 182
- Alici all'italiana (*Ricette dei fan*) ............. 183
- Polpette nel fungo ..................................... 185
- Fonduta valdostana al pomodoro ........... 186
- Insalata di cozze, persico e verdurine ..... 188
- Morbidoni al prosciutto cotto .................. 190
- Hamburger di gamberi con salsa alla senape ............................................ 191
- Pizza con carciofini e salmone affumicato ............................................. 193
- "Saltimbocca" di maiale alla pizzaiola ........................................... 195
- Polpette di ceci e zucchine (*Ricette dei fan*) ................................ 196
- Brand de cujun con olive e pomodori secchi ...................................................... 198
- Panino con hamburger e insalata croccante ............................................... 201
- Polpette con scarola, uva passa e pinoli .................................................. 202
- Uova in camicia con taleggio e purè ai funghi ................................................. 204

- Capesante con croccante (*Ricette dei fan*) .................................. 205
- Pesce finto di merluzzo ........................... 206
- Petto di pollo alle verdure in crosta di sesamo ............................................. 209
- Scaloppine con zucchine, menta e formaggio ............................................ 210
- "Sigari" di tacchino ................................. 211
- Spiedini di pesce spada agli agrumi e alloro .................................................. 213
- Purè di ceci e puntarelle alla romana ................................................. 214
- Filetti di spatola croccanti (*Ricette dei fan*) .................................. 216
- Vitello al rosmarino, aglio e limone .......... 217
- Stufatino piccante di calamari ................ 218
- Polpette alla doppia mozzarella ............. 221
- Insalata di pollo con uva, semi e senape .................................................. 222
- Pescatrice in crema rosa ......................... 224
- Pizza all'amatriciana con le olive ............ 225
- Gamberi croccanti con salsa aromatica ................................................. 227
- Hamburger greco .................................... 229
- Girello all'agro ......................................... 230
- Pollo allo yogurt e curry (*Ricette dei fan*) .................................. 231
- Trote in saor di zucchine e capperi ......... 233
- Cocottine di uova e peperonata .............. 234
- Spezzatino con patate, olive e capperi .................................................. 236
- Cartoccio di pesce al pepe verde ........... 238
- Merluzzo con polenta (*Ricette dei fan*) .................................. 240
- Involtini allo zenzero ................................ 241

## Contorni ........................................... 243

- Carpaccio di barbabietole con rucola e pinoli .................................................... 244
- Zucca alla panna con briciole croccanti e caprino ................................................. 247
- Cavolo nero con cipolle al rosmarino ...... 248
- Insalata con mela verde, noci e grana (*Ricette dei fan*) .................................. 249
- Asparagi arrosto con salsa gribiche ........ 250
- Insalata di spinacini e kiwi ....................... 252
- Purè con verza, porri e mascarpone ....... 254
- Cetrioli marinati al peperone ................... 255
- Parmigiana di radicchio ........................... 256
- Carote e cavolfiori all'arancia e peperoncino ........................................... 259
- Insalata ricca con salsa piccante ............ 260
- Fagiolini in salsa di olive e capperi ......... 262
- Patate croccanti al formaggio ................. 265
- Insalata sciopska (*Ricette dei fan*) ....... 266
- Barba di frate al bacon e aceto balsamico ............................................... 267
- Sformatini di broccoli .............................. 268
- Tiella estiva al curry ................................. 271
- Insalata di zucchine marinate e ricotta salata ........................................ 272
- Tartare di cavolfiore ................................. 274
- Peperonata alla siciliana (*Ricette dei fan*) .................................. 275

**Dolci** ........................................................ **277**

- Torta di ricotta, crema gianduia
  e lamponi .................................................. 278
- Biscottini morbidi agli agrumi ............... 280
- Plumcake alle mandorle e prugne .......... 282
- Dolcetti al cioccolato
  (*Ricette dei fan*) ......................................... 284
- Coppa al formaggio fresco, vaniglia
  e mosto cotto ............................................ 285
- Crostata con pinoli e savoiardi ............... 286
- Spuma ai marron glacé con pere
  caramellate ............................................... 289
- Ciambellone di kamut con yogurt
  e camomilla ............................................... 290
- Torta al cacao con maionese .................. 292
- Sfogliata alle 3 uve .................................. 295
- Cupcake al tiramisù ................................. 296
- Castagnaccio (*Ricette dei fan*) ................ 298
- Torta al pistacchio ................................... 299
- Chantilly con more e meringa ................ 300
- Crostata allo sciroppo d'acero e noci ..... 301
- Crêpe al cioccolato con crema
  e amarene ................................................. 302
- Torta di mais con panna al caramello .... 305
- Biscotti di farina di riso e cioccolato ...... 306
- Torta "saracena" alle mele
  (*Ricette dei fan*) ......................................... 307
- Sospiri di mandorle alla frutta ................ 308
- Torta di pane e pesche all'amaretto ....... 311
- Coppetta gelato con tappo
  di cioccolato ............................................. 312
- Plumcake speziato ................................... 314
- Torta di ananas senza burro
  (*Ricette dei fan*) ......................................... 315
- Merendine alla mela e mirtilli ................. 317
- Crema di yogurt al miele, zafferano
  e mandorle ................................................ 318
- Torta alla banana, arancia e limone ....... 320
- Profiterole al caffè e sambuca ................ 322
- Torta gelato al latte e fragole ................. 325
- Frolline al cocco ripiene .......................... 326
- Torta all'albicocca ................................... 328
- Frittelle alla banana (*Ricette dei fan*) ..... 329
- Panelle dolci con pistacchi
  e cioccolato .............................................. 331
- Muffin in crosta di cannella .................... 332
- Torta con ganache al cioccolato
  e fragole (*Ricette dei fan*) ........................ 334

**Dietro le quinte** ...................................... **337**

**Ringraziamenti** ........................................ **343**

# INDICE PER CATEGORIE

### Pane, panini e torte salate
- Bruschetta con salame e spuma di formaggio .................. 50
- Bruschetta con gorgonzola e pere al vino .................. 29
- Bruschetta ripiena di alici e mozzarella ... 10
- Calzoncini con porri, belga e salsiccia ..... 34
- Cialledda ricca nella pagnotta ................ 48
- Fagottini con uova, carne e spinaci ......... 30
- Focaccia con baccalà alla marchigiana .................. 56
- Focaccia con crescenza e broccoli ........... 24
- Muffin salati (*Ricette dei fan*) ..................... 28
- Panino con hamburger e insalata croccante .................. 201
- Panino integrale con radicchio, groviera e speck .................. 45
- Pizza all'amatriciana con le olive ............ 225
- Pizza con bietole, pomodorini e provola ... 157
- Pizza con carciofini e salmone affumicato .................. 193
- Pizza in cocotte .................. 37
- Quiche con piselli, pancetta e crema di ceci .................. 52
- Sandwich di tonno alle erbe ..................... 14
- Sfincione siciliano in bianco ..................... 46
- Strudel rustico con verdure e 'nduja ........ 18
- Tartufini di pomodori secchi e ceci........... 16
- Torta salata con gamberi e zafferano ..... 20
- Torta salata con zucchine e arachidi........ 58
- Tortine con straccetti.................................. 41
- Vol-au-vent con fonduta e pancetta........ 38
- Schiacciata rustica di castagne ................ 47

### Pasta fresca
- Lasagne tonnate .................. 79
- Ravioli al pesto di nocciole e mascarpone .................. 123
- Ravioli con peperoni cruschi (*Ricette dei fan*) .................. 142
- Tortellini con ragù di fagioli .................. 102

### Pasta secca
- Carbonara con verdure, mortadella e birra .................. 110
- Chitarrine "mimosa" e speck .................. 143
- Conchiglie con moscardini, panna e vermouth .................. 73
- Farfalle con pesto di menta e pecorino ..... 95
- Gnocchetti sardi con fave, guanciale e baccalà .................. 98
- "Lasagne" di mortadella .................. 104
- Linguine allo sgombro, bottarga e limone .................. 68
- Orecchiette con cozze e pesto al limone... 65
- Paccheri con la porchetta .................. 82
- Paccheri ripieni fritti .................. 55
- Pappardelle con pescatrice e bietoline ..... 121

- Pasta con sarde fritte e pomodorini ........ 84
- Penne alla norcina con polpette
  agli spinaci .................................................. 132
- Pizza di spaghetti (*Ricette dei fan*) ........... 40
- Reginette con ragù di maiale, panna
  e Marsala................................................... 90
- Rigatoni alla zucca con ceci e speck ........ 62
- Spaghetti all'olio e pangrattato
  saporito ................................................... 134
- Spaghetti alla chitarra con ricotta
  e pomodoro ............................................ 100
- Spaghetti cacio e pepe in rosso ............... 112
- Spaghetti di soia allo zenzero
  (*Ricette dei fan*) ........................................ 78
- Spaghettoni con vongole e carciofi
  alla mentuccia ......................................... 74
- Tagliatelle con asparagi, cannella
  e grana .................................................... 116
- Tagliatelle funghi, speck e vino rosso ....... 92
- Timballo con broccoli, formaggio
  e prosciutto di Praga ............................. 145

## Riso e altri cereali

- Couscous alla paprika con calamari
  e melanzane............................................. 87
- Crocchette di riso del nonno
  (*Ricette dei fan*) ........................................ 15
- Farro perlato con carciofi, pomodorini
  e olive ...................................................... 135
- Insalata di riso con melone, feta
  e capperi fritti ......................................... 113
- Insalata estiva di polenta ......................... 76

- Jota semplificata in risotto ..................... 108
- Orzo al forno con funghi, verza
  e salsiccia ................................................. 89
- Polenta pasticciata con cotechino
  e lenticchie ............................................. 148
- Riso Venere con melanzane e pesto
  agrumato ................................................ 137
- Risotto al pollo e pomodoro .................... 66
- Risotto al salmone con peperoni gialli ..... 141
- Risotto alla rucola con provola
  e prosciutto ............................................. 81
- Risotto con carote viola e robiola
  (*Ricette dei fan*) ...................................... 149
- Risotto con salsiccia, robiola
  e cipollotti .............................................. 101
- Risotto con sedano, limone e crescenza .... 124
- Risotto con mele e pancetta
  (*Ricette dei fan*) ...................................... 119

## Gnocchi

- Chicche con carciofini e pancetta
  (*Ricette dei fan*) ........................................ 67
- Gnocchi di pollo con sugo al rosmarino ..... 115
- Gnocchi con sugo vegetariano
  e camembert .......................................... 127
- Spaetzle con cavoletti e gorgonzola ....... 128

## Zuppe, minestre e vellutate

- Crema di cavolfiore con pisellini
  e pane nero ............................................ 146
- Gazpacho con fagottini di mozzarella
  filante (*Ricette dei fan*) ........................... 106

- Minestra di ragù con pizzicotti .................. 138
- Minestra di verdure crude ........................ 126
- Pallotte in brodo con crostini al grana .... 96
- Vellutata di mais guarnita ........................ 70
- Zuppa di pollo con carote, timo
  e zenzero ................................................. 85
- Zuppa di primizie ..................................... 118
- Zuppa pavese con scalogni
  caramellati .............................................. 131

### Vitello e manzo
- Bocconcini di vitello speziati
  al mascarpone ......................................... 160
- Girandole di carne alla griglia ................. 172
- Girello all'agro ........................................ 230
- Hamburger con prosciutto, cipollotti
  e provolone ............................................. 162
- Hamburger greco .................................... 229
- Padellata di manzo all'americana .......... 164
- Polpette alla doppia mozzarella ............. 221
- Polpette con scarola, uva passa
  e pinoli .................................................... 202
- Polpette nel fungo .................................. 185
- Scaloppine con zucchine, menta
  e formaggio ............................................. 210
- Spezzatino con patate, olive e capperi .. 236
- Stecchi di arrosto e verdure .................... 178
- Vitello al rosmarino, aglio e limone ........ 217

### Maiale
- Arrosto in crosta di noci miste ................ 155
- Involtini allo zenzero .............................. 241
- Morbidoni al prosciutto cotto ................. 190
- "Saltimbocca" di maiale alla pizzaiola ..... 195

### Pollame
- Insalata di pollo con uva, semi
  e senape ................................................. 222
- Petto di pollo alle verdure in crosta
  di sesamo ............................................... 209
- Piatto freddo con tacchino
  prezzemolato .......................................... 182
- Pollo allo yogurt e curry
  (*Ricette dei fan*) .................................... 231
- "Sigari" di tacchino ................................. 211

### Anatra
- Petto d'anatra con scalogni e castagne. 168

### Pesce
- Alici all'italiana (*Ricette dei fan*) .......... 183
- Brand de cujun con olive e pomodori
  secchi ..................................................... 198
- Branzino tiepido con lenticchie
  alla senape ............................................. 152
- Cartoccio di pesce al pepe verde ........... 238
- Crocchette di patate, olive e tonno ........ 35
- Crocchette di salmone alle 3
  panature ................................................. 167
- Filetti di sogliola con paprika
  e grana ................................................... 170
- Filetti di spatola croccanti
  (*Ricette dei fan*) .................................... 216
- Insalata di cozze, persico e verdurine .... 188

- Merluzzo con polenta (*Ricette dei fan*) ........................... 240
- Orata alla pugliese con peperoni e pomodorini ............................. 175
- Pescatrice in crema rosa ......................... 224
- Pesce finto di merluzzo ......................... 206
- Spezzatino di cernia con finocchi ........... 180
- Spiedini di pesce spada agli agrumi e alloro ............................................. 213
- Tagliata di tonno in crosta di pepe .......... 177
- Trote in saor di zucchine e capperi .......... 233

### Molluschi e crostacei
- Capesante con croccante (*Ricette dei fan*) ........................... 205
- Gamberi croccanti con salsa aromatica ............................................ 227
- Hamburger di gamberi con salsa alla senape ......................................... 191
- Stufatino piccante di calamari ................ 218

### Formaggio
- Bicchierini con mela e grana ..................... 59
- Bomba di ricotta con pinzimonio ............... 42
- Fonduta valdostana al pomodoro .......... 186
- Panna cotta al taleggio con carciofi ........ 27

### Uova
- Cocottine di uova e peperonata ............. 234
- Frittata alla tirolese ................................. 159
- Uova in camicia con taleggio e purè ai funghi ............................................. 204

### Verdure
- Asparagi arrosto con salsa gribiche ........ 250
- Barba di frate al bacon e aceto balsamico ........................................... 267
- Carote e cavolfiori all'arancia e peperoncino ..................................... 259
- Carpaccio di barbabietole con rucola e pinoli ................................................ 244
- Cavolo nero con cipolle al rosmarino ..... 248
- Cetrioli marinati al peperone .................. 255
- Fagiolini in salsa di olive e capperi ......... 262
- Insalata con mela verde, noci e grana (*Ricette dei fan*) ........................... 249
- Insalata sciopska (*Ricette dei fan*) ......... 266
- Insalata di spinacini e kiwi ...................... 252
- Insalata di zucchine marinate e ricotta salata ................................................... 272
- Insalata ricca con salsa piccante ............ 260
- Involtini di sedano e prosciutto ................ 13
- Parmigiana di melanzane e seitan (*Ricette dei fan*) ........................... 156
- Parmigiana di radicchio ........................ 256
- Patate croccanti al formaggio ................ 265
- Purè con verza, porri e mascarpone ....... 254
- Peperonata alla siciliana (*Ricette dei fan*) ........................... 275
- Sformatini di broccoli ............................ 268
- Tartare di cavolfiore ............................... 274
- Tiella estiva al curry .............................. 271
- Zucca alla panna con briciole croccanti e caprino ............................... 247
- Zucchine ripiene (*Ricette dei fan*) ........... 51

### Legumi

- Polpette di ceci e zucchine
  (*Ricette dei fan*) .............................................. 196
- Paté di borlotti al rosmarino e salame ..... 32
- Purè di ceci e puntarelle alla romana ..... 214
- Stufato di fagioli giganti e finocchi ........ 163

### Biscotti e dolcetti

- Biscotti di farina di riso e cioccolato ..... 306
- Biscottini morbidi agli agrumi ................ 280
- Cupcake al tiramisù ................................. 296
- Dolcetti al cioccolato
  (*Ricette dei fan*) .............................................. 284
- Frolline al cocco ripiene ......................... 326
- Frittelle alla banana
  (*Ricette dei fan*) .............................................. 329
- Merendine alla mela e mirtilli ................. 317
- Muffin in crosta di cannella ................... 332
- Panelle dolci con pistacchi
  e cioccolato ............................................ 331
- Profiterole al caffè e sambuca .............. 322
- Sospiri di mandorle alla frutta ............... 308

### Torte

- Castagnaccio (*Ricette dei fan*) ................ 298
- Ciambellone di kamut con yogurt
  e camomilla ............................................ 290
- Crostata allo sciroppo d'acero e noci ..... 301
- Crostata con pinoli e savoiardi ............... 286
- Plumcake alle mandorle e prugne .......... 282
- Plumcake speziato ................................. 314
- Sfogliata alle 3 uve ................................. 295
- Torta al cacao con maionese ................. 292
- Torta al pistacchio ................................. 299
- Torta alla banana, arancia e limone ........ 320
- Torta con ganache al cioccolato
  e fragole (*Ricette dei fan*) ......................... 334
- Torta di ananas senza burro
  (*Ricette dei fan*) .............................................. 315
- Torta di mais con panna
  al caramello ............................................ 305
- Torta di pane e pesche all'amaretto ........ 311
- Torta di ricotta, crema gianduia
  e lamponi ................................................ 278
- Torta all'albicocca ................................. 328
- Torta gelato al latte e fragole ................. 325
- Torta "saracena" alle mele
  (*Ricette dei fan*) .............................................. 307

### Dolci al cucchiaio

- Chantilly con more e meringa ................ 300
- Coppa al formaggio fresco, vaniglia
  e mosto cotto ......................................... 285
- Coppetta gelato con tappo
  di cioccolato ........................................... 312
- Crema di yogurt al miele, zafferano
  e mandorle .............................................. 318
- Crêpe al cioccolato con crema
  e amarene .............................................. 302
- Spuma ai marron glacé con pere
  caramellate ............................................ 289

### Frutta

- Bocconcini di prosciutto e mango ........... 23

## CREDITI FOTOGRAFICI

**Fotografie dei piatti**
© Davide Baesse: 307
© Lorena Biolchi: 149
© Mariangela Camocardi: 298
© Gaia Casciari: 78
© Rita Ciarlo: 15
© Edejany Cristofani: 51
© Claudia Ferrigno: 183
© Giandomenico Frassi (con la collaborazione di Gino Fantini, home economist, e Beatrice Prada, stylist): 11, 12, 17, 19, 22, 25, 26, 31, 33, 36, 39, 44, 49, 53, 63, 64, 69, 71, 72, 75, 77, 80, 83, 86, 88, 91, 94, 97, 99, 103, 105, 109, 111, 114, 117, 120, 122, 130, 133, 136, 139, 144, 147, 153, 154, 158, 161, 165, 166, 169, 174, 176, 179, 181, 184, 187, 189, 192, 194, 199, 200, 207, 212, 215, 219, 220, 223, 226, 228, 232, 235, 237, 245, 246, 251, 253, 257, 258, 263, 270, 279, 281, 283, 287, 288, 293, 297, 304, 309, 310, 313, 316, 319, 323, 324, 330, 333
© Claudio Gallucci: 142
© Paola Glino: 119
© Daniela Libertino: 28
© Teresa Licata: 275
© Ludmila Martiniuc: 329
© Tiziana Maschio: 156
© Daniela Masina: 43, 54, 105, 129, 173, 208, 264, 269, 294, 327
© Tiziana Matera: 205
© Virginia Mofredini: 240
© Maria Grazia Papi: 197
© Giuseppina Petti: 40
© Erika Pontello: 315
© Anna Pulvirenti: 216
© Silvia Rosa: 231
© Angela Sagliocco: 335
© Patrizia Segre: 140, 303
© Sania Spasova: 266
© Andrea Sprovieri: 284
© Marianna Tedesco: 249
© Ines Trotta: 67
© Elisa Zini: 107

*Si ringrazia Bitossi Home per i piatti e i bicchieri utilizzati nelle foto realizzate da Giandomenico Frassi.*

**Fotografie di Antonella Clerici**
© Federico Guberti: 6, 21, 57, 125, 171, 239, 344
© Roberto Guberti: 93, 203, 261, 273, 291, 321

Finito di stampare nell'aprile 2016 presso
Errestampa, Orio al Serio (BG)
Printed in Italy

ISBN 978-88-17-08816-9